AF523072

Ich esse jetzt Nudeln und bereue nichts

Mit guten Kohlenhydraten
zum Wohlfühlgewicht

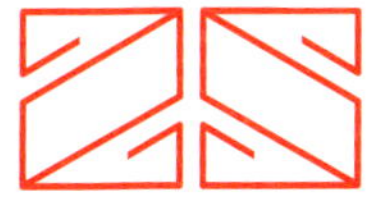

Vorwort 5

Basiswissen 6

Wenn der Stoffwechsel andere Pläne hat als du **6**
Wie du deinen eigenen Weg findest **7**
Warum Rituale wichtig sind **9**
Was Hormone mit dem Gewicht zu tun haben **12**
Welche Kohlenhydrate die Guten sind **19**
Wo du Proteine findest, auch ohne Steak **20**
Wie oft du dir etwas gönnen darfst **24**
Wie gute Vorbereitung die Figur rettet **26**
Wenn du ein Tief hast, sei gut zu dir selbst **28**

Wenn Gäste kommen 30

Vorspeisen, Suppen & Salate 32

Meine liebsten Starter und Kleinigkeiten, von einer wärmenden Suppe über feine europäische, asiatische, italienische bis an die Levante-Küche angelegte Köstlichkeiten.

Grazing Board 38
Miso-Baukasten 52
Dressings, Dips und Saucen 66

Vegetarische und vegane Hauptgerichte 72

Köstliche Hauptmahlzeiten mit pflanzlichen Eiweißquellen für Wochentags-Vegetarier wie mich, denen Beilagensalat oder Kloß mit Soß als fleischlose Alternative nicht genug ist.

Minestrone-Baukasten 84
Schlanke Beilagen 94

Hauptgerichte mit Fleisch 98

Sonntagsgerichte und Feines mit Fleisch. Viel Spaß mit meinen Favoriten aus dem Ofen, der Pfanne oder vom Grill! Das Gemüse dazu darf natürlich trotzdem nicht fehlen.

Pürees 110
Kumpir 122

Hauptgerichte mit Fisch 124

Ab ins Wasser! Ich zeige dir, wie du ganz easy Lachs beizt oder kurz marinierst, wie du köstliche Muscheln zauberst und die schönsten Sommerrollen rollst.

Sommerrollen-Baukasten 134
5-Zutaten-Rezepte 142

Desserts, Snacks und Süßes 144

Freu dich zum Schluss auf Nachtisch, Kuchen und Kleinigkeiten. Ohne raffinierten Zucker, mit vollwertigem Mehl oder Haferflocken. Süßes kann auch ohne Sünde lecker sein!

100-Kalorien-Snacks 154
Frozen Delights 166
Stimmen aus der Community 176

Register 178
Impressum 182

AHA, JETZT ALSO NUDELN ...

War das dein erster Gedanke?

Macht sie jetzt ein Pasta-Buch? Nachdem ich all ihre Low-Carb-Bücher im Regal habe? Du glaubst gar nicht, wie viele Gedanken ich mir über diesen Titel gemacht habe. Ach was, über das ganze neue Projekt! Kann ich nach fünf Büchern den Low-Carb-Weg verlassen, ohne meine Leser*innen zu verprellen? Kann ich authentisch bleiben und meine Geschichte erzählen, ohne mein auf Low Carb aufgebautes Business zu ruinieren?

JA, ICH KANN. ICH MUSS SOGAR!

Sieben Jahre Low Carb, sieben Jahre leckere Rezepte, eine wunderbare Community, ein so herzliches und entspanntes Miteinander! Egal ob auf dem Blog oder auf meinen Social Media Plattformen – seit 2013 zuerst ein Hobby, inzwischen viel mehr als das. Wenn du schon ein Teil dieser Gemeinschaft bist, weißt du es längst. Wenn du neu bist, dann sage ich es dir jetzt:

ICH HÄTTE EWIG SO WEITERMACHEN KÖNNEN!

Low Carb war in all diesen Jahren einfach PERFEKT für mich. Einmal sagen zu müssen, es klappt nicht mehr, war undenkbar. Funktionierte es bei jemandem nicht, dachte ich schlicht und einfach, sie oder er macht was falsch oder ist einfach inkonsequent. Bis es mir genauso ging und ich erst ratlos und später leicht verzweifelt dastand und zusah, wie mein Körper sich veränderte, obwohl ich mir doch so vieles bereits verbot.

Wenn du dich fühlst wie 30, der Stoffwechsel aber einen Gang runterschaltet und die Hormone nicht so recht wissen, wohin die Reise geht, dann verändert sich leider auch das, was der Körper braucht. Die Fettzellen holen sich den Snack scheinbar schneller als du essen kannst. Kennst du nicht? Herzlichen Glückwunsch, du kannst das Buch jetzt ins Regal zurücklegen! Da du es jetzt in den Händen hältst, denke ich aber, du sitzt im gleichen Boot und es soll nicht noch tiefer im Wasser liegen.

Dass es mit einer vollwertigen, frischen, ausgewogenen Ernährung selbst mit Pasta gewichtstechnisch wieder nach unten geht, das habe ich in den letzten eineinhalb Jahren schon mal für dich getestet! Dazu habe ich mir mit Hormon Coach Rabea Kieß eine Expertin mit ins Boot geholt, die auf Seite 12 für einen Realitätscheck in Sachen Kohlenhydrate und Gewicht sorgt. Sie hat mir geholfen, viel gelassener mit den Veränderungen in meinem Körper umzugehen.

Aus meinen Erfahrungen und liebsten Rezepten der letzten Monate ist dieses Buch entstanden. Ich hoffe es bringt dir Gelassenheit, Freude und Genuss.

Herzlichst, deine Petra

Petra Hola-Schneider – Holla die Kochfee

STOFF-„WECHSEL“

Wie nichts bleibt, wie es ist

Während ich es in vielen Lebenslagen kaum erwarten konnte, das Ende zu sehen, hätte ich die Begleiterscheinungen des Älterwerdens gerne ausgelassen. Trotz Low-Carb-Ernährung wollte plötzlich jede einzelne Fettzelle scheinbar noch einmal richtig zur Geltung kommen. „Jedes Kilo mehr ist eine Falte weniger“ heißt es, aber das hilft auch nicht weiter. Was also tun? Statt sich dem Schicksal zu ergeben und Ausreden zu suchen, müssen neue Wege her!

IRGENDWAS IST IMMER

Da sind deine Kinder aus dem Gröbsten raus und du könntest endlich die Zeit mit ihnen nur noch genießen – zack, sind sie weg und leben ihr eigenes Leben. Dein Job läuft super, du bist viel unterwegs – und dann kommt eine Pandemie und alles ist anders. Du ernährst dich Low Carb, freust dich, wie toll es funktioniert – bis es das plötzlich nicht mehr tut und dein Körper macht, was er will.

UND JETZT? MIT VOLLGAS INS NEUE LEBEN!

Kommt dir das alles bekannt vor? Wenn man sich über eines sicher sein kann, dann, dass nichts bleibt, wie es ist. Das ist im Leben so wie im Körper. Was Letzteren betrifft, ging es mir auch so. Nach vielen Jahren der kohlenhydratarmen Ernährung dachte sich mein Stoffwechsel wohl, es wird langsam langweilig. Ich nahm nicht nur nicht mehr ab, ich nahm sogar zu! Da eine ketogene Ernährung, also die noch strengere Form von Low Carb, für mich nicht infrage kam, habe ich die Corona-Pause genutzt, um auf meinen Körper zu hören und Schritt für Schritt eine Art Flexi-Carb-Lifestyle zu entwickeln. Größere Essenspausen, wenig Fleisch, mehr gesunde, vollwertige Kohlenhydrate, viel pflanzliches Eiweiß. Und vor allem mehr Zeit für mich! Das Ergebnis ist eine stressfreie, genussvolle Abnahme von inzwischen fast 17 Kilo in eineinhalb Jahren. Übrigens: Zucker kommt mir nach wie vor nicht in die Tüte, das Diabeteserbe meiner Familie nehme ich nicht an!

War es einfach? Ja und nein. Ja, weil ich – wie wir alle – im Lockdown zu Hause saß und sehr viel Zeit hatte, mich mit mir selbst zu beschäftigen. Nein, weil ich nach vielen Jahren der „verbotenen“ Lebensmittel einen Cut machen wollte, der mir nicht leichtfiel. Es mag verrückt klingen, aber einfach entspannt einen Teller Nudeln zu essen, selbst wenn es um die Vollkornvariante ging, fiel mir unheimlich schwer. Und nein auch, weil ich mehr denn je auf Social Media aktiv war, meinen neuen Weg dort mit der Welt teilte und keinen Plan B hatte für den Fall, dass mein vollwertiges Experiment nicht funktionierte.

PHOTOSHOP-FRUST

Warum Social Media keine Messlatte sein darf

Dieses Kapitel könnte ich auch „So boykottierst du dich selbst“ nennen. Denn aus eigener Erfahrung weiß ich, dass die vermeintliche Normalität, die man heute im Fernsehen, auf Plakaten und Zeitschriften, aber vor allem im Internet vorgesetzt bekommt, einen richtig unter Druck setzen und frustrieren kann. Egal in welchem Alter, ob als Teenie, junge Mama oder Frau im „besten“ Alter. Gerade wenn man nicht mit einem Turbostoffwechsel ausgestattet ist, die Kerzen auf der Geburtstagstorte ob ihrer großen Zahl inzwischen der teuerste Posten sind und man so gerne isst, dass man es auch sieht, kann einem die Motivation angesichts all der präsentierten Perfektion schon flöten gehen.

SCHÖNE BUNTE WELT UND DAS CHAOS DAHEIM

Kommen dazu für viele noch Job und Kinder, die frau – seien wir ehrlich – manchmal nur schwer unter einen Hut bekommt, ohne innerlich zehnmal am Tag zu explodieren, dann können einem Bilder in den diversen Medien leicht den Tag versauen. Bilder von lachenden, sich selbst beschäftigenden Sprösslingen, deren Kleidung farblich harmonisch der Umgebung einer stets aufgeräumten und saisonal perfekt dekorierten Wohnung angepasst ist. Mittendrin die tiefenentspannte, lächelnde Mutter, selbstverständlich geschminkt, mit perfekt sitzendem Haar und einer von Schwangerschaften offenbar unbeeindruckbaren Kleidergröße 36, die offensichtlich weder mit Augenringen eines Pandas, noch mit Cellulite oder ähnlichen weniger glamourösen Dingen des Lebens zu kämpfen hat.

LASS DAS JA KEINEN SEHEN

Arbeitest du dann wie ich überwiegend online, siehst du diese heile Welt jeden Tag, von früh bis spät, überall. Und als würde es nicht schon reichen, das optisch perfekte Leben anderer mit dem eigenen zu vergleichen, in dem sich gerade die Bügelwäsche meterhoch stapelt, kommen noch all die moralischen Aspekte in puncto gesundes Leben dazu: vollwertige Brotzeiten, täglich frisch gekochte, ausgewogene Mahlzeiten, alles nachhaltig und plastikfrei entweder aus dem eigenen Garten oder vom Markt nach Hause getragen und ins Bienenwachstuch eingewickelt, bevor man kurz Yoga macht. Und während du gerade im Homeoffice, alleine deiner eigenen mentalen Gesundheit wegen, deinen Kindern die iPads in die Hand drückst und nichts lieber möchtest als weglaufen, poppt auf dem Display ein Artikel über Quality Time mit Kindern auf, um dir den Rest zu geben.

SIND WIR EINFACH NUR UNMOTIVIERT, FAUL UND INKONSEQUENT?

Ich habe es jetzt sehr übertreiben und du magst vielleicht denken, „normale“ Menschen lassen sich nicht von so was beeindrucken. Aber ich bin mir sicher, auch du hast schon mal an dir und deinen Fähigkeiten gezweifelt, hast anderen, egal ob im echten Leben oder online, ihre Version eines großartigen, erfolgreichen Lebens geglaubt und sie vielleicht darum beneidet und dich selbst kritisiert. Das ist menschlich und verständlich, wir vergleichen uns eben mit anderen, das liegt in unserer Natur. Um so wichtiger ist es, sich die Realität vor Augen zu halten, sich zu distanzieren und seinen eigenen Weg zu finden.

GIESSE LIEBER DEINEN EIGENEN RASEN

Niemand außer dir steckt in deinen Schuhen, macht deinen Job, erzieht deine Kinder, lebt mit deinem Mann, zahlt deine Rechnungen.
Wieso also sollte ausgerechnet die Meinung anderer dir zum Glück verhelfen? Nur ein Bruchteil dessen, was wir täglich sehen, ist wahr. Im Netz regiert Photoshop und retuschiert jede Falte und jedes Gramm zu viel. Für Menschen, denen du vielleicht auf Instagram oder Pinterest folgst, sind diese Plattformen meistens ihr gut bezahlter Job. Inszenierung eines gesunden, glücklichen Lebens in einer Bilderbuchfamilie ist ein Teil davon. Und im echten Leben? Kennst du nicht auch Ehen, die plötzlich „vor lauter Glück“ geschieden werden, Blicke hinter die Kulissen, die so anders sind als die nach außen abgezogene Show, dass sie einen sprachlos zurücklassen? Umso wichtiger, sich auf das eigene Leben zu konzentrieren und – bildlich gesprochen – lieber den eigenen Rasen zu gießen, statt den des Nachbarn zu bewundern. Vielleicht ist das, was uns über den Zaun so blendet, einfach nur billiger Kunstrasen ...

Ich hätte so viele Tipps für mein junges Ich, da könnte ich locker ein ganzes Buch draus machen. Oder zwei ... Aber wenn es etwas gibt, was ich heute für lebensnotwendig halte, dann ist es das „Ist-mir-ziemlich-egal-Prinzip“ in Verbindung mit der „Ich-mache-es-wie-es-mir-passt-Methode“, dem „Alles-wird-gut-Mantra“ und dem ganz großen „Ommm“ der Gelassenheit, wenn es darum geht, was andere über einen denken.

MÜSSTE ICH MEINEM JÜNGEREN SELBST EINEN RAT GEBEN, DANN WÄRE ES DER, GELASSEN ZU SEIN.

Auch beim Abnehmen ist diese Gelassenheit so wichtig. In Ruhe herausfinden, was in der jeweiligen Lebensphase für einen gut ist, ohne sich von all den Abnehmgeschichten und einzig wahren Anleitungen beeinflussen und vor allem unter Druck setzen zu lassen, ist in meinen Augen der Schlüssel zum Erfolg. Andere machen es anders und das sollen sie auch! Du hast deinen eigenen Weg, dein Körper ist einzigartig und seine Bedürfnisse verändern sich mit jedem Jahr. Sich darauf einzulassen ist so viel wertvoller, als sich täglich zu stressen.

Denn eines weiß ich sicher: Selbst Erfolgsgeschichten von Menschen, die dich am Anfang motiviert haben, werden dich frustrieren, wenn du nicht den gewünschten Erfolg hast, alleine weil dieser Weg nicht zu dir passt.

RITUALE UND PLANUNG

Wichtiger, als du vielleicht denkst

Wie schafft man es, in einer Welt voller unrealistischer Vorbilder, Kritik und Wettbewerb, die innere Gelassenheit zu stärken? Indem man sich um sich selbst kümmert und sich Rituale schafft, die einem guttun. Weniger Stress bedeutet schließlich auch besserer Schlaf, mehr Produktivität und vor allem weniger Stressessen!

Gerade wenn du – wie ich – eher dazu neigst, dir immer zu viel vorzunehmen, zehn Dinge gleichzeitig zu tun und eher Ja als Nein zu sagen, kommst du schnell an die Grenzen der Gelassenheit. Wie weit ich in manchen Stresssituationen von einem „Ommm" entfernt bin, könnte dir mein Mann erzählen. Aber dass es seltener vorkommt als früher, das verdanke ich einigen wenigen Ritualen, die ich nicht mehr missen möchte.

DU KOMMST ZUERST. PUNKT.

Wer soll sich um dein Wohlbefinden sorgen, wenn du es nicht selbst tust? Was haben dein Partner, deine Kinder, deine Umgebung davon, wenn du gestresst, unzufrieden und unausgeglichen bist? Ganz abgesehen davon, dass es auch für dein Abnehmen nicht förderlich ist (wir kennen alle die Tafel Schokolade, die man aus purem Frust auf einmal aufgegessen hat), sind Zeiten, die du für dich alleine hast, in meinen Augen essenziell. Und weil du jetzt vielleicht denkst, „das sagst sich so leicht, wo soll ich diese Zeit denn herzaubern", komme ich als Erstes zur Organisation deines Tages.

TAGES- UND WOCHENPLANUNG – ÄUSSERE ORDNUNG FÜR INNEREN FRIEDEN

Vorneweg: Ich bin eine Chaotin vor dem Herrn. Von Natur aus eher Freestyle statt To-do-Liste. Immer am Suchen von Dingen, nicht über ihnen stehend, sondern hechelnd hinterherrennend. Irgendwann habe ich aber gemerkt, dass Strukturen eben nicht unbedingt spießig und langweilig sind, sondern mir jede Menge Luft zum Atmen geben. Vor etwa drei Jahren fing ich an, einen Produktivitätsplaner zu führen und meine wöchentlichen und täglichen Aufgaben zu planen. Und zwar nicht so wie früher, mit ellenlangen Listen von riesigen Posten wie „Steuererklärung", „Wohnung aufräumen" oder „Rezept für Kunden XY". Diese Art von Liste mit Aufgaben, die so viel Zeit verschlingen, dass du sie niemals auf einmal schaffst, sorgt nur dafür, dass du dich noch gestresster fühlst und oft gar nicht erst anfängst.

Inzwischen arbeite ich nach der Pomodoro-Technik, bei der die Arbeit in 25-Minuten-Abschnitte aufgeteilt wird: 25 Minuten konzentriert arbeiten, dann eine kurze Pause, dann wieder 25 Minuten und so weiter. Dafür zerpflücke ich jede anstehende Aufgabe in ihre Einzelteile – so hake ich an einem Tag ganz viel ab, schaffe zehnmal mehr als sonst, bin mit mir zufrieden und habe ganz nebenbei viel mehr Zeit für mich! Das Gleiche gilt auch für Lästiges im Haushalt. Hier lohnt es sich, sich Tipps von einem Ordnungscoach zu holen. Auf meinem Blog www.holladiekochfee.de gibt es Empfehlungen.

MEINE RITUALE FÜR EIN ENTSPANNTERES LEBEN

Ein positiver Start in den Tag

Klingt banal? Ist es vielleicht, aber es hilft! Nicht umsonst heißt es, dein Tag geht den gleichen Weg wie deine Mundwinkel. Da ich kein Morgenmensch bin, gehört diese Zeit schon immer mir alleine. Ich setze mich mit einer Tasse Kaffee hin (handgebrüht von meinem Mann – aus meiner geliebten Kaffeemaschine, wenn ich ihn selbst mache), mache Musik an und gehe meine Aufgaben für den Tag durch. Ich versuche jeden Tag etwas zu finden, auf das ich mich freue, wofür ich dankbar bin und das mir gute Laune macht.

Meditation

Eigentlich bin ich als ungeduldige Person, bei der alles schnell gehen muss, überhaupt nicht der Typ für Meditation, sondern eher der, der in der Not einen Schokoriegel aufreißt. Im größten Chaos meines Lebens war sie aber meine Rettung, um selbst mitten am Tag abzuschalten, zu atmen und binnen zehn Minuten zu entspannen, statt zu naschen oder jemanden anzuschreien. Ich nutze dafür die App „Headspace", dort kann man Thema und Zeit wählen.

Bewegung

Bin ich sportlich? Auf keinen Fall. Siehst du mich mal rennen, dann kannst du sicher sein, ich werde verfolgt. Warum fange ich jetzt also davon an? Weil Bewegung zu den Dingen gehört, die mich wirklich entspannt und zufrieden machen. Dabei rede ich nicht von Stunden im Fitnessstudio, sondern von überschaubaren Work-outs, die ich zu Hause mache. Ob Pilates, kurze HIIT-Videos auf Youtube oder das gute alte Step-Aerobic: 20 bis 30 Minuten reichen – die hat man IMMER übrig, gerade wenn im Homeoffice der Weg in die Arbeit wegfällt. An diesen Tagen fällt es mir übrigens deutlich leichter, mich gut zu ernähren, denn ich will mir ja die verbrannten Kalorien nicht wieder reinschaufeln.

Wellness zu Hause

Gerade wenn es ums Abnehmen geht, sollte man seinem Körper ganz viel Liebe schenken! Neben praktischen Dingen wie Basenbädern gegen Übersäuerung oder Wechselduschen für den Kreislauf ist es sinnvoll, seine Haut gut zu pflegen. Sie soll schließlich mit uns schrumpfen, so gut es geht. Ich weiß, dass die Wirksamkeit vieler Cremes, Öle und Lotionen eher im Auge des Betrachters liegt, aber schon die Tatsache, dass man sich seinem Körper widmet, sich Zeit nimmt und es sich in einem duftenden Schaumbad gut gehen lässt, ist so wertvoll für ein positives Körpergefühl und Ausgeglichenheit.

Zeit nur für mich

Ist das jetzt eher egoistisch oder eher lebensnotwendig? Ich finde, gesunder Egoismus ist hier der Schlüssel. Jeder braucht Auszeiten, egal wie sehr man seine Mitmenschen liebt, wie klein die Kinder sind, wie viel Arbeit man hat. Mein Tipp? Ein fester Tag in der Woche, an dem man Zeit für sich blockiert, eine feste Zeit am Tag, die nur einem selbst gehört. Man muss dann gar nicht ausgehen, manchmal reicht es, ein Buch in Ruhe zu lesen, einen Kuchen zu backen, allein spazieren zu gehen, seinen Hobbys nachzugehen oder einfach zu schlafen. Gerade wenn Kinder da sind, sind solche festen Termine einfacher zu handeln, als jedes Mal neu zu verhandeln. Und aus eigener Erfahrung kann ich sagen: keine Angst, euer Partner wird es schon machen mit den Kids. Vielleicht nicht so perfekt wie ihr, aber das ist völlig egal!

LEICHT UND GLÜCKLICH LEBEN?

Die Hormone sind der Schlüssel

Was kann man tun, um sich in seinem Körper wieder so richtig wohlzufühlen und seine frühere Leichtigkeit zurückzubekommen? Rabea Kieß, Hormon Coach, hat auf diese Frage eine klare Antwort: Die Hormone sind der Schlüssel. Mit ihrer Hormon-Balance-Diät (erschienen im ZS-Verlag, Januar 2021) hat die Autorin und Podcasterin schon unzähligen Frauen geholfen. Dabei geht es um mehr als nur ums Abnehmen. Im Gespräch mit Petra Hola-Schneider verrät Rabea Kieß, warum radikale Diäten auf Dauer nicht funktionieren und wie Frauen endlich wieder ein gesundes Körpergefühl bekommen und sich leicht, frei und glücklich fühlen können.

Petra Hola-Schneider: *Hallo Rabea, schön, dass du da bist! Das Thema Ernährung spielt in deiner Arbeit als Hormon Coach eine große Rolle. Wie bist du denn darauf gekommen, dich damit auseinanderzusetzen?*

Rabea Kieß: Hallo Petra, freut mich auch sehr. Nun, ich habe 18 Jahre als Personal Trainerin gearbeitet und meine Zielgruppe waren Frauen, die natürlich alle schön aussehen und eine tolle Figur haben wollten. Dabei habe ich festgestellt, dass manche Frauen abnehmen können und andere nicht – obwohl sie alle das gleiche Training absolvieren. Also habe ich mich gefragt, woran das liegt, und kam darauf, dass unsere Hormone ein ordentliches Wörtchen mitzureden haben. Probleme tauchen vor allem dann auf, wenn die Hormone aus dem Gleichgewicht geraten sind. Also habe ich nach Wegen gesucht, wie ich meine Kundinnen dabei unterstützen kann, wieder in eine hormonelle Balance zu kommen. Und Hormonbalance braucht im wahrsten Sinn des Wortes sehr viel Balance.

Hola-Schneider: *Wie können Frauen denn erkennen, dass ihr Hormonhaushalt aus dem Gleichgewicht geraten ist? Gibt es da Anzeichen?*

Kieß: Ja, ganz viele sogar. Es kommt auf das Alter an, aber häufig kann man das am Zyklus festmachen. Die Periode ist immer ein Spiegel für den Gesundheitszustand. Bei starken Schmerzen oder bei Unregelmäßigkeiten und natürlich beim Ausbleiben der Menstruation sollte man genau hinschauen. Aber auch Äußerlichkeiten wie Haarausfall, trockene oder unreine Haut können Hinweise sein, genauso wie Heißhunger oder Essensgelüste. Wenn man beispielsweise immer was Süßes nach dem Essen „braucht", kann das schon ein Zeichen für eine Disbalance sein. Oder wenn man fahrig und aggressiv wird, weil man keine Kohlenhydrate bekommt. Aber auch Schlafstörungen und Erschöpfung, Müdigkeit, Antriebslosigkeit, Konzentrationsschwäche, Gewichtszunahme oder Wassereinlagerungen und PMS – um nur einige zu nennen.

Hola-Schneider: *Lass uns doch weiter auf die Ernährung eingehen. Du hast gerade schon das Thema Gewichtszunahme angesprochen. Ich denke, viele Frauen kennen das: Ab einem gewissen Alter nehmen sie mit der gleichen Bewegung, dem gleichen Tagesablauf, der glei-*

chen Ernährung, plötzlich deutlich zu oder können das Gewicht nur noch schwer halten. Woran liegt das?

Kieß: Ja, leider. Das liegt einfach daran, dass sich mit Ende 30/Anfang 40 der Hormonspiegel umkrempelt und das wirkt sich bei vielen Frauen auf den Stoffwechsel aus. Dann nehmen Frauen zu und die Figur verändert sich. Plötzlich entdeckt man am Bauch oder anderen Problemzonen neue Fettpölsterchen, wo bisher nichts oder wenig war. Zwischen 40 und 50 Jahren verändern sich dann die meisten weiblichen Körper noch einmal. Ich glaube, da gibt es kaum eine Frau, die das gar nicht festgestellt hätte.
Hormone haben darauf einen großen Einfluss. Durch verschiedene Prozesse im Körper kann es im Laufe der Jahre eben zu Hormonmängeln oder Disbalancen kommen, die wir dann zu spüren bekommen und wieder ausgleichen müssen. Für diesen Ausgleich ist Ernährung eine ganz wichtige Grundlage. Sie bringt die Bausteine für die Hormonbildung mit. Ohne bestimmte Makro- und Mikronährstoffe können wir gar keine Hormone bauen. Also man muss hier umdenken: Zuerst sollten wir die Hormone wieder ins Gleichgewicht bringen – dann klappt es auch mit dem Abnehmen.

Hola-Schneider: *Was würdest du sagen, sind „schlechte Lebensmittel" für eine gute Hormon-Balance? Auf was sollte man – zumindest in großen Mengen – verzichten?*

Kieß: Also es wäre immer gut, egal ob man jetzt eine Unverträglichkeit hat oder nicht, auf Weizen zu verzichten. Weizen wirkt entzündungsfördernd und bei chronischen Entzündungen reagiert das Immun- und damit auch Hormonsystem. Weizen macht den Darm durchlässig, und der spielt eine große Rolle in der Hormonregulation. Genauso wie die Leber, darum wäre es gut, Alkohol möglichst zu reduzieren. Ansonsten sollte man generell auf industriell verarbeitete Lebensmittel verzichten und natürlich auf alles, was in Plastik verpackt ist oder mit Plastik zu tun hat. Sicher ist Kuhmilch für einige Menschen nicht förderlich. Ansonsten haben tierische Lebensmittel aber auch Vorteile, wie einen hohen Eiweißanteil, Vitamine und Mineralien. Sie machen lange satt, halten den Blutzucker stabiler, sind kohlenhydratärmer als pflanzliche Proteinquellen. Ich würde also schon dazu raten, tierische Lebensmittel mit einzubauen, aber ganz entscheidend ist hier die Qualität. Da sollte es unbedingt biologische Erzeugung sein. Gerade bei Milch und Fleisch sind konventionelle Produkte oft hormonbelastet. Wenn man nicht weiß, woher es kommt – dann lieber weglassen.

Hola-Schneider: *Und Zucker? Den esse ich ja eigentlich seit sieben Jahren so gut wie gar nicht.*

Kieß: Ja, Zucker ist natürlich sowieso ein Thema. Ein stabiler Blutzuckerspiegel ist das A und O für die Hormonbalance. Also logisch, dass wir bei gesunder Ernährung möglichst zuckerarm essen sollten und den Blutzucker so stabil halten.

Hola-Schneider: *Gesunde Ernährung – was bedeutet das denn eigentlich für dich?*

Kieß: Gesunde Ernährung ist für mich Energie und ohne Energie können wir nicht leben. Wir müssen essen! Für uns Frauen ist Energie auch nochmal so wichtig, weil wir ohne Energiezufuhr Probleme mit dem Zyklus bekommen können. Im Zyklus bauen wir die Hormonmengen, die wir brauchen, ums uns gut zu fühlen. Wir brauchen genug Östrogen und Progesteron, möglichst bis in die 40er – auch wenn wir keine Kinder mehr wollen. Das funktioniert aber nur, wenn wir regelmäßig essen und alle Makronährstoffe also Fette, Kohlenhydrate und Eiweiße zu uns nehmen.

Hola-Schneider: *Funktioniert das denn bei jedem?*

Kieß: Nein. Ernährung ist immer individuell, deswegen ist das auch wichtig, sein eigenes Ding zu finden. Man sollte immer überprüfen: Kann ich gut schlafen? Läuft mein Stoffwechsel gut? Habe ich guten Appetit, guten Hunger? Wer keinen Hunger hat, der hat eher einen lahmen Stoffwechsel. Wichtig ist aber auch, mal vier oder fünf Stunden ohne Snacks auszukommen und keinen Heißhunger zu entwickeln. Diese Punkte gehören alle auf die Checkliste. Wenn's hier Probleme gibt, kann man schon mal anfangen, seine Ernährung zu überdenken und sich überlegen, ob man was umstellen könnte.

Hola-Schneider: *Das ist ja oft leicht gesagt. Jeder will sich ja gern „gesund ernähren". Aber wie fängt man an?*

Kieß: Da hast du recht. Erstmal ist es hier ganz wichtig, wieder auf das eigene Bauchgefühl zu hören. Also nicht alle Trends, Diäten und Tipps aufzusaugen und auszuprobieren. Viele Frauen haben die Verbindung zum eigenen Körper verloren, sie trauen ihm nicht mehr. Ich kenne so viele Frauen, die seit ihrer Jugend von einer Diät zur nächsten hetzen und völlig aus dem Blick verloren haben, was ihr Körper eigentlich braucht. Und das ist ein Teufelskreis: Wenn ich meinem Körper beispielsweise über Jahrzehnte hinweg zu wenig Kalorien zuführe oder mich nur einseitig ernähre, kommt der Stoffwechsel mit immer weniger Treibstoff zurecht und gewöhnt sich daran.

Hola-Schneider: *Jetzt sind wir bei einem wichtigen Punkt: Ich habe Low-Carb-Bücher geschrieben, weil ich mich damit sehr gut gefühlt habe. Doch irgendwann nahm ich trotzdem wieder zu. Also probierte ich es intuitiv mit Vollwertigem. So bin ich zu meinem neuen Denkansatz gekommen: Essen, auch Kohlenhydrate, ohne es zu bereuen.*

Kieß: Das ist super! Aber grundsätzlich verkehrt ist Low Carb jetzt auch nicht. Das passt beides zusammen. Ich esse ganz oft Mahlzeiten ohne Kohlenhydrate, zum Beispiel einen schönen Salat mittags, aber das muss sich nicht durch mein ganzes Leben ziehen. Ich bin einfach zu dem Schluss gekommen, dass Essen keine Labels braucht. Egal ob Low Carb, ketogen, vegan, High Carb – das muss ich mir alles so nicht auf die Fahnen schreiben. Die Balance ist wichtig. Kohlenhydrate senken zum Beispiel nachweislich die Stresshormone – das ist ja auch das, was wir instinktiv tun. Wenn wir gestresst sind, dann wollen wir Kohlenhydrate. Und darum kann man gerne gesunde Kohlenhydrate wie Obst oder Hülsenfrüchte in die Ernährung mit einbauen. Es ist wichtig, über die ganze Einstellung zum Essen zu sprechen und von diesem Verbotsdenken wegzukommen hin zu dem, was einem guttut.

Hola-Schneider: *Das war genau die Frage, die ich mir gestellt habe. Das Leben ist so kurz. Möchte ich mich noch weiter einschränken, auf Dinge verzichten und mich den Rest meines Lebens bei jedem Essen fragen: Ist das jetzt böse oder nicht? Das gilt ja auch für das Stück Kuchen zum Beispiel …*

Kieß: Das ist absolut richtig. Aber weißt du, das Schöne ist: Wenn wir entspannt und natürlich essen, haben wir gar kein Verlangen mehr nach extrem zuckerhaltigen Lebensmitteln. Wir werden wieder frei und brauchen das nicht mehr unbedingt. Das ist für manche fast nicht vorstellbar, aber das entwickelt sich. Dass man beispielsweise gar kein Dessert nach dem Essen will. Diese Abhängigkeit verschwindet, wenn wir uns entspannen und unserem Körper von vornherein das geben, was er braucht.

Hola-Schneider: *Möchtest du in dieser Hinsicht etwas zum Thema Crash-Diäten sagen?*

Kieß: Unbedingt! Das ist eine der größten Fallen überhaupt: Je öfter Frauen Diäten machen, desto schwieriger wird es für sie, bei der nächsten Diät noch abzunehmen. Es gibt Diäten, die extrem die Kalorien reduzieren, dabei schüttet der Körper Stresshormone aus, also Cortisol. Und Cortisol ist ein Fettspeicherhormon und sorgt dafür, dass der Körper die letzten Reserven festhalten will, dass er Fett einspeichert. Er wechselt in eine Art „Überlebensmodus". Das führt zwar im ersten Moment dazu, dass manche abnehmen können, meistens ist das aber nur Wasser und Muskelmasse, denn der Körper hält an seinem Fett fest. Das Problem ist, dass der Körper sich das merkt. Er fährt seinen Grundumsatz zurück und braucht dann immer noch weniger als vorher. Die Ausschüttung von Stresshormonen in Verbindung mit dieser extremen Kalorienrestriktion führt wieder dazu, dass sich unsere anderen weiblichen Hormone verändern. Und je länger und je öfter ich das mache, desto höher ist die Wahrscheinlichkeit, dass ich als Frau zusätzlich Hormon-Probleme bekomme.

Hola-Schneider: *Ein Teufelskreis also. Aber wie kommt man denn da raus? Wie wissen ja beide, dass es Frauen gibt, die ihr ganzes Leben lang schon Diäten machen ...*

„Die Balance ist wichtig. Kohlenhydrate senken die Stresshormone – das ist ja auch das, was wir instinktiv tun. Wenn wir gestresst sind, wollen wir Kohlenhydrate."

„Selbstfürsorge ist bei vielen der springende Punkt. Gesunde Ernährung und ausreichend Bewegung sind auch Zeichen dafür, dass ich mich wichtig und ernst nehme."

Kieß: Das stimmt. Viele Frauen essen auch überhaupt nicht zu viel, im Gegenteil. Trotzdem sind sie nicht schlank oder mit sich zufrieden. Und das liegt daran, dass der Stoffwechsel echt im Keller ist. Da gibt es Frauen, die essen nur 1000 Kilokalorien, machen drei Stunden Sport am Tag und nehmen trotzdem zu. Der Weg aus diesem Teufelskreis ist ganz klar: Man muss dem Körper wieder Sicherheit geben. Ihm durch regelmäßiges Essen beweisen, dass er über einen langen Zeitraum gesichert jeden Tag genügend Energie zur Verfügung gestellt bekommt. Das Problem dabei: Wenn man dem Körper nach dieser langen Fastenzeit diese Kalorien gibt, nimmt man vermutlich zunächst mal zu – und das ist natürlich das, was keine Frau will. Darum fallen Viele sofort wieder in die Diät-Mentalität zurück. Sobald die Frauen zwei, drei Kilo zunehmen, weil sie wieder normal essen, beginnen sie erneut Diäten oder entwickeln Essstörungen.

Hola-Schneider: *Also wir müssen vielleicht erst mal zunehmen, um dann wieder abnehmen zu können?*

Kieß: Nicht unbedingt! Allein diese Aussage sorgt ja wahrscheinlich schon mal bei vielen wieder für Stress und damit für die Ausschüttung von Cortisol (wir erinnern uns: speichert Fett). Aber es ist eben so: Wenn ich aus diesem Hungermodus wieder zurück will zu einem normalen Stoffwechsel, muss ich zunächst mal akzeptieren, dass der Körper sich die Energie nimmt, die er braucht, um sich selbst zu reparieren. Ganz entscheidend ist hier das richtige Mindset. Also sich zu sagen: „Ich will meinen Körper nähren, ihn unterstützen. Ich will wieder Balance." Dazu gehört auch, dem Körper zu vertrauen. Und das ist ein Riesenthema. Viele denken: „Der Körper macht ja seit Jahren nicht, was ich will." Aber sie erkennen nicht, dass sie ihn jahrelang mit Diäten gegeißelt und kontrolliert haben. Bei Frauen in den 20ern oder 30ern klappt das ja vielleicht noch ganz gut. In den 40ern und 50ern macht der Körper das aber definitiv nicht mehr mit. Aber erst wenn ich meinem Körper wieder Sicherheit gebe, ist er auch irgendwann wieder bereit, Fett abzugeben.

Hola-Schneider: *Wie wichtig ist das Drumherum? Sprich, allgemein ein gesunder Lebensstil?*

Kieß: ... das ist sehr entscheidend sogar. Stress vor allem ist ein großes Problem. Denn Stress hat immer Auswirkungen auf meine Essensentscheidung. Jede Frau sollte eine Entspannungstechnik beherrschen, mit der sie sich ganz bewusst runterfahren kann. Das muss nicht immer Mediation sein oder Yoga, aber etwas in die Richtung wäre schon gut. Zum Beispiel Atemtechniken. Es können auch Spaziergänge in der Natur sein. Bewegung ist ohnehin essenziell. Sie verstoffwechselt Kohlenhydrate, macht uns ausgeglichener und reguliert sogar den Appetit. Aber auch hier muss man aufpassen, denn Übertraining belastet das Immunsystem und führt zu übermäßigem Hunger. Wie man sieht: Immer es geht um die Balance – und darum, auf sich selbst zu achten.

Hola-Schneider: *Damit hast du schon meinen letzten und vielleicht wichtigsten Punkt angesprochen: Selbstfürsorge. Gerade Frauen tendieren ja dazu, sich selbst nicht an die erste Stelle zu setzen und sich zuerst um alle anderen zu kümmern. Wie kommen wir da raus?*

Kieß: Das ist in der Tat ein großes Problem für viele Frauen, darum thematisiere ich das auch sehr, sehr stark. Ich würde sogar sagen, Selbstfürsorge ist bei vielen der springende Punkt. Gesunde Ernährung und ausreichend Bewegung sind auch Zeichen dafür, dass ich mich wichtig und ernst nehme. Ich beobachte aber auch, dass die Familie oder der Mann als Ausrede genommen werden, warum man bestimmte Sachen nicht mitmachen oder umsetzen kann. Frauen dürfen gerne aufhören, sich selbst was vorzumachen. Sie können ihre Familie mit einbinden. Sie dürfen und müssen sogar offen darüber sprechen, wenn sie gerne etwas an ihrem Leben verändern möchten. Und auch die Ausrede, man hätte keine Zeit, sollte so nicht stehen bleiben. Denn keine Zeit heißt immer: keine Priorität. Statt „ich habe keine Zeit“ sollten Frauen mal testen wie es sich anfühlt, wenn sie sagen „gesunde Ernährung und ausreichend Bewegung sind für mich keine Priorität.“ Wer etwas ändern will, sollte versuchen zu sagen: „Ich nehme mir Zeit für gesundes Essen, für meinen Körper, weil ich mir wichtig bin.“ Das Umdenken muss im Kopf beginnen – denn im Grunde fängt damit alles an.

DIE GUTEN INS TÖPFCHEN

Langsame Kohlenhydrate, gute Fette, hochwertiges Protein

Eigentlich möchte ich Lebensmittel gar nicht in „gut" oder „böse" einteilen, denn schließlich sind es oft gerade die verteufelten Carbs, die uns in Form von Schokolade guttun – wenn wir es nicht übertreiben! Da sich in meinem Buch alles um die Balance dreht, ist es wichtig zu wissen, welche Kohlenhydrate man besser gut dosiert und welche unbedingt in den Speiseplan gehören sollten. Hier eine kurze und einfache Erklärung:

WAS SIND KOHLENHYDRATE ÜBERHAUPT?

Neben Eiweiß und Fett gehören Kohlenhydrate zu den Makronährstoffen, aus denen unsere Nahrung besteht. Kohlenhydrate enthalten Zuckermoleküle, die der Körper in Glukose umwandelt und als Energiequelle nutzt.

JE SCHNELLER, DESTO SCHLECHTER

Es gibt unterschiedliche Arten von Kohlenhydraten. Nach der Anzahl ihrer Zuckerbausteine unterscheidet man Einfach-, Zweifach- und Mehrfachzucker. Zu den Einfachzuckern zählt zum Beispiel Traubenzucker; normaler Haushaltszucker ist Zweifachzucker; Mehrfachzucker findet sich in Kartoffeln, Hülsenfrüchten und Vollkornprodukten. Während die ersten beiden schnell verfügbar sind, braucht der Körper länger, um die Mehrfachzucker, die sogenannten komplexen Kohlenhydrate, aufzuspalten. Deshalb bietet man jemandem, der schnelle Energie braucht, eher ein Stück Traubenzucker an als eine Kartoffel.

NÄHRSTOFFE IN BALANCE

Ich halte mich an die langsamen Kohlenhydrate und genieße die schnellen nur zu besonderen Anlässen. Unser Körper braucht außerdem Fett und Eiweiß, um uns mit Energie zu versorgen. Fett verwende ich wegen der hohen Kaloriendichte in Maßen, proteinreiche Eiweißlieferanten sind die perfekten Sattmacher. So bleibt Heißhunger aus, mein Speiseplan ist facettenreich und die Waage freut sich!

MEINE LIEBSTEN ENERGIELIEFERANTEN

- Vollkornpasta und -reis
- Pasta aus Hülsenfrüchten
- Kartoffeln – meine große Liebe!
- Haferflocken
- Hanf
- Bulgur
- Quinoa
- Samen, Körner und Nüsse
- Linsen, Lupinen, (Acker-)Bohnen, Kichererbsen
- Tofu und Kofu (Tofu aus Kichererbsen)
- Seitan
- Tempeh
- Algen
- Eier
- (Räucher-)Fisch
- Meeresfrüchte
- Geflügel
- Mageres Fleisch

LASS DIE KUH MAL IM DORF

Pflanzliche Eiweißlieferanten

Eiweiß gehört zusammen mit Kohlenhydraten und Fetten zu den drei wichtigsten Nährstoffen für unseren Körper. Das ist sicher nichts Neues für dich. Fragt man Menschen nach den wichtigsten Eiweißquellen, antworten die meisten immer noch mit „Fleisch, Eier, Milchprodukte" – was auch richtig ist. Nur was tun, wenn man sich vegetarisch oder vegan ernährt oder wie ich nur selten Fleisch auf dem Teller hat?

Was vor gar nicht so langer Zeit ein echtes Problem war, ist inzwischen keines mehr! Eine unendliche Vielfalt an tierfreien Produkten steht uns inzwischen in jedem Supermarkt zur Verfügung und es lohnt sich, sie zu probieren. Sie sind fettarm, cholesterinfrei und die langkettigen Kohlenhydrate machen lange satt.

TIERISCHE EIWEISSQUELLEN IM VERGLEICH

Rindfleisch liefert je nach Cut ca. 21 g, Schweinefleisch 22 g, Huhn 18 g, Kaninchen 21 g, Lamm 20 g Protein pro 100g. Bei Fisch liegt Forelle mit ca. 24 g vorne, gefolgt von Makrele mit 22 g, Lachs 20 g und Garnelen 18 g. Harzer Käse liefert ca. 27 g Eiweiß, Fetakäse 16 g, und ein gekochtes Ei sogar „nur" um die 13 g.

Ich achte immer auf die Herkunft und kaufe diese Produkte wenn möglich in Bioqualität, hier sind schon viele Betriebe zertifiziert. Auch aus der heimischen oder europäischen Landwirtschaft gibt es mittlerweile nachhaltig und gentechnikfrei angebaute Sojabohnen, Lupinen, Ackerbohnen oder Kichererbsen, die die Basis für viele richtige Eiweißbomben liefern. Sogar unzählige Nudelsorten werden auf dieser Basis produziert.

LINSEN

Ich fange mal mit den Klassikern an. Linsen kennt jedes Kind, aber was mal allein die braune Tellerlinse mit Speck oder Würstchen war, ist inzwischen eine bunte Palette: Berglinsen, rote und gelbe Linsen, Le Puy Linsen oder meine liebsten Belugalinsen – alle stecken voller Eiweiß (viele Sorten, vor allem die gelben und roten Linsen, liegen mit 23–27 g sogar höher als Fleisch) und sind perfekt für Salate, vegetarische Nudelsaucen, Suppen und sogar Pfannkuchen!

BOHNEN

Ebenso wie die Linsen gehören sie schon immer zur Grundausstattung jeder Vorratskammer. Mit durchschnittlich 21 g Eiweiß können sie locker mit Fleisch mithalten. Und was da an Auswahl zur Verfügung steht, ist großartig! Von weißen Riesenbohnen für den perfekten griechischen Urlaubssalat bis hin zu den witzigen Black Eyed Peas, den Schwarzaugenbohnen, den Azukibohnen oder Borlottibohnen, die toll für Eintöpfe sind. Aber auch die Ackerbohne ist auf dem Vormarsch und wird als gesunder Snack in süß und würzig angeboten. Gegen Blähungen hilft es, die Bohnen ausreichend zu waschen und einzuweichen. Auch Gewürze wie Kümmel, Fenchel, Anis, Majoran und Bohnenkraut helfen, die Bohnen leichter verdaulich zu machen.

HANF

Hanf habe ich erst während meines diesjährigen Saftfastens kennengelernt, da kam ein Löffel der „geschälten Hanfsaat" über den heißen Tomatensaft (ein „Rezept", das mir seitdem zusammen mit jeder Menge Basilikum gegen Heißhunger hilft). Und was soll ich sagen, ich bin ein großer Fan! Hanfsamen schmecken herrlich nussig und sind damit perfekt für Gebäck oder auch als Topping. Hanf enthält ca. 31 g Eiweiß – ein Grund mehr, ihn in den Speiseplan mit aufzunehmen.

SOJA

Wusstest du, dass Soja ein Gemüse ist, das mehr Protein als Kohlenhydrate enthält? Angeblich sogar das einzige, ich habe es nicht überprüft. Was ich aber weiß: Soja spaltet die Gemüter, wie keine andere der pflanzlichen Proteinquellen. Das liegt vor allem am Anbau. Regenwälder fallen der Monokultur zum Opfer, die Umwelt wird belastet, Regenwälder zerstört. Aber es geht auch anders: Soja wird mit steigender Tendenz auch in Deutschland angebaut, gentechnikfrei und ohne lange Transportwege. Etwa 40 g Eiweiß stecken in der hundert Prozent cholesterinfreien Sojabohne, die zu vielen Produkten verarbeitet wird, die ich dir im Folgenden zeigen möchte. Auch geröstet sind die Sojabohnen ein gesunder Snack!

MISO

Ich habe hier einen ganzen Miso-Baukasten für dich, denn Miso gehört bei mir zu DER Suppenbasis, die am häufigsten zum Einsatz kommt. Sojabohnen-Miso als Paste oder Granulat entsteht durch Fermentierung der Sojabohnen. Einer der besten Lieferanten kommt sogar aus dem Schwarzwald, du musst mal googeln! Hier wird Miso nicht nur aus Soja hergestellt, sondern auch aus Reis, Lupine oder Gerste. Miso bekommst du auch mit allerlei Gewürzen verfeinert und kannst es nicht nur für Suppen, sondern auch als Würze für Saucen, Salatsaucen oder Dips und Mayonnaisen verwenden.

TOFU

Tofu kennst du sicher auch. Hergestellt wird Tofu aus Sojamilch. Die pürierten Sojabohnen werden mit Wasser gemischt und mit Calciumsulfat oder Magnesiumchlorid zum Gerinnen gebracht. Der so entstandene Sojaquark wird entweder pur verkauft oder in unglaublich vielen gewürzten Varianten von asiatisch bis mediterran, geräuchert oder als „Gyros", mit Nüssen, Früchten und Kräutern, alles was das Herz begehrt. Tofu ist eine leckere Suppeneinlage. Du kannst es auch prima anrösten oder im Airfryer knusprig ausbacken und in Salaten oder Bowls verwenden.

TEMPEH

Ebenfalls aus gekochten, geschälten Sojabohnen entsteht Tempeh, eine ursprünglich in Indonesien beheimatete Zubereitung von Soja. Dort ist es bis heute die wichtigste Eiweißquelle. Anders als beim Tofu werden die Bohnen nicht als Milch vergoren, sondern mit Edelschimmelpilzen „geimpft", ähnlich wie Camembert. Die so fermentierten Bohnen werden in Form gepresst. Pur sieht es dann aus wie Halva oder türkischer Honig, denn die Bohnen sind einzeln sichtbar. Tempeh wird aber auch bereits gewürzt angeboten und ist gebraten oder gegrillt sehr lecker. Es gibt ihn – auch aus Lupinen und schwarzen Bohnen hergestellt – aus heimischer Produktion in Bioqualität. Mit ca. 20 g Eiweiß und kaum Fett ist das Produkt sehr verträglich und gesund für den Darm.

EDAMAME

Edamame bedeutet „Bohnen am Zweig“, es sind die unreif geernteten Sojabohnen, die bei uns in asiatischen Restaurants so beliebt sind, dass du sie inzwischen auch als TK-Ware in Bioqualität in deinem Supermarkt bekommst, sowohl mit Schale als auch bereits gepult. Kurz in Salzwasser gekocht pult man sie aus der Schale und isst sie mit Sojasauce oder als eiweißreiche Suppeneinlage, in Eintöpfen oder Currys. Auch in Bowls machen sich die nussigen Sojabohnen mit ca. 11 g Eiweiß sehr gut.

KICHERERBSEN

Früher kannte man sie vor allem aus dem Imbiss als Falafel. Spätestens seit Ottolenghi als Koch mit israelischem Background die Kochbuchregale erobert hat, Haya Molcho uns mit ihrer NENI Küche begeistert und Hummus in unseren Supermärkten zum Standardsortiment gehört, ist die Kichererbse eines der gängigsten Produkte in der vegetarischen Küche. Etwa 20 g Eiweiß bringen die gelben Erbsen mit dem lustigen Namen mit. Sie sind in Suppen, Currys, Aufläufen, Pürees und allen Varianten von Hummus genauso perfekt wie als gebackener Snack oder in Nudeln. Es gibt sie vorgekocht und sofort einsatzbereit im Glas bzw. in der Dose, oder als Trockenware, die vor dem Kochen eingeweicht werden muss. Auch rote und sogar schwarze Kichererbsen habe ich schon gesehen, vor allem der Feinkosthandel hat diese seltenen Sorten im Angebot.

KOFU

Neu auf dem Markt ist Kofu, ein Berliner Kichererbsen-Tofu. Seinen Ursprung hat er in Myanmar, beim Volk der Shan. Deshalb wird er auch als „Shan-Tofu“ oder „Burmese Tofu“ bezeichnet. Das deutsche Unternehmen verwendet heimische biozertifizierte Kichererbsen aus Sachsen-Anhalt. Ebenso wie die Lupine oder die Ackerbohne ist auch die Kichererbse in der Fruchtfolge auf dem Acker sehr hilfreich, denn diese Leguminosen (Hülsenfrüchte) sorgen für die Bindung von Stickstoff im Boden und brauchen wenig Wasser und Nährstoffe. Viele Landwirte setzen inzwischen auf diese Pflanzen, um die Biodiversität zu erhöhen und den Marktanteil der heimischen Erzeugnisse zu steigern. Kofu gibt es in vielen Geschmacksrichtungen. Er ist vegan, glutenfrei und ballast-

GUTES TUN MIT PFLANZLICHER KÜCHE

Durch den Verzehr von pflanzlichem Eiweiß tun wir nicht nur dem Körper Gutes, sondern tragen aktiv unseren Teil gegen den Klimawandel bei. Wenn wir unseren Fleischkonsum einschränken, bewusster gestalten und auf Herkunft und Haltung achten, danken es uns die Umwelt und die Tiere.

stoffreich und er schmeckt am besten geröstet oder aus dem Airfryer. Mit knapp 5 g Eiweiß pro 100 g liegt er zwar eher hinten, ist aber gerade in der vegetarischen und veganen Küche eine schöne Abwechslung.

LUPINEN

Denkst du bei Lupinen an diese wunderschön blühenden Pflanzen in Omas Garten? Da liegst du fast richtig, aber für den landwirtschaftlichen Anbau wurden die Bitterstoffe herausgezüchtet. Lupinen haben gerade einen echten Lauf und machen sogar Sojabohnen Konkurrenz. Sie sind vielseitig, schmecken richtig gut und enthalten je nach Verarbeitung bis zu 43 g Eiweiß. Der Anbau von Lupinen ist gut für den Ackerboden, die Wege sind kurz und die Produkte gibt es alle in Bioqualität. Lupine ist toll zum Backen, als Ei-Ersatz in Kuchen, gemahlen würzig wie Parmesan und als Schrot eine leckere Einlage in Suppen oder ein Topping für Salate und Müslis. Es gibt sie auch eingelegt im Glas. So kannst du sie wie Bohnen als Beilage servieren. Mariniert und geröstet sind sie ein eiweißreicher Snack oder Salat-Knusper.

SEITAN

Seitan besteht aus Weizeneiweiß (Gluten) und hat in Japan eine lange Tradition. Das Weizenmehl wird mit Wasser verknetet und immer wieder mit Wasser ausgewaschen, sodass die gesamte Stärke verschwindet. Das Endprodukt ist sehr fleischähnlich und kommt daher bei vielen veganen Fertigprodukten zum Einsatz. Seitan hat kaum Nährstoffe, dafür aber nur ca. 1 g Fett und ca. 25 g Eiweiß. Er schmeckt pur quasi nach nichts, kann aber gut mariniert werden oder in kräftigen Suppen zum Einsatz kommen.

FLEISCH WAR BISHER DEIN GEMÜSE?

Keiner verlangt, dass du von heute auf morgen Vegetarier wirst. Fange langsam an, ersetze hier und da ein Stück Fleisch durch eine der hier aufgeführten Alternativen und probiere dich durch. Vielleicht ist Tofu nicht dein Ding, marinierter Seitan aber schon. Sei offen für Neues, und sei vor allem nicht so streng mit dir selbst.

ALGEN

57 g Eiweiß hat die Spirulina-Alge. Die Nummer eins meiner Aufzählung kommt zum Schluss. Spirulina bekommst du als Pulver, das du in Smoothies mixen kannst, oder als Kapseln im Bereich der Nahrungsergänzung. Die gängigeren Algensorten, die in Speisen verwendet werden, sind zum Beispiel die Nori-Alge, die vor allem bei Sushi zum Einsatz kommt, die aber auch in manchen Nudelsorten verarbeitet wird. Sie hat aber nur 6 g Eiweiß und die Menge, die man zu sich nimmt, ist meist verschwindend klein. Besser sieht es bei der Wakame-Alge aus, die du getrocknet im Biomarkt bekommst. Ich nehme sie als Suppeneinlage für meine Misosuppe, denn mit 17 g Eiweiß ist sie super! Auch für Salate und über Gemüse. Das gilt auch für das Gewürz Algomasio, eine Mischung aus Algen und Sesam, das verleiht selbst einem schnell gedämpften Gemüse eine herrlich würzige Note.

GESUNDE WOCHENBILANZ

Gönn dir was, aber nicht zu oft

Sind „Ausnahmen“ wichtig, sind sie richtig, bringen sie uns völlig aus dem Plan oder halten sie uns im Gegenteil auf dem richtigen Weg? Die Meinungen gehen absolut auseinander, was kein Wunder ist, denn jeder sieht seine Ernährung anders. Wenn man sich an eine strenge Diät hält, fällt ganz vieles unter „Sünden“ und „Ausnahmen“ – vom „Cheating“ bis zu einem ernährungstechnischen Totalausfall. Als ich noch streng Low Carb gelebt habe, hatte ich das gleiche Prinzip verinnerlicht: Es gibt Regeln, an die habe ich mich zu halten. Habe ich das nicht, dann war ich nicht konsequent. Wenn man aber wie ich Essen zum Beruf gemacht hat, sind solche Situationen quasi unumgänglich. Je nach aktuellem Gemütszustand und der Zahl auf der Waage waren solche Ausrutscher, vor allem bei Events und beim Ausgehen, von mehr oder weniger schlechtem Gewissen begleitet.

Inzwischen sehe ich alles deutlich gelassener und als ein großes Ganzes. Dinge, an denen ich Spaß hatte, wie ein wunderbares Dessert, werden nicht hinterher als Fehler oder Ernährungssünde degradiert. Glaub mir, die Verbote der letzten Jahre in meinem Kopf saßen tief! Ob es Kartoffeln waren, die ich LIEBE und auf die ich jahrelang verzichtet habe, Nudeln oder Vollkornbrot – ich saß davor und musste wirklich daran arbeiten, sie nicht mehr als Feind zu sehen. Kartoffeln standen sofort wieder auf meinem Speiseplan, aber bei Nudeln dauerte es lange, bis ich kein schlechtes Gewissen mehr hatte.

DU WIRST NICHT AN EINEM ABEND DICK

Aber an sieben dann irgendwann schon! Deshalb versuche ich, eine gute Wochenbilanz zu haben. Koche ich zu Hause, ist es mit der gesunden Ernährung sehr einfach. Trotzdem habe ich manchmal Lust auf Dinge, die nicht gerade optimal sind, um abzunehmen. Wie zum Beispiel Eis von der Eisdiele. Oder eine ordentliche Käseplatte mit gutem Wein. Auf alles verzichten? Auf keinen Fall. Viel besser ist ein Suppentag hinterher. Den habe ich inzwischen ziemlich fest an den Montagen etabliert, so gleicht er auch das Wochenende aus, mitsamt Sonntagsbraten und Ausgehen. Im Rezeptteil findest du Baukästen für Miso und Minestrone, meine liebsten Wochenbilanzretter!

AUSGEHEN IST MEIN LIEBSTES HOBBY

Es ist kein Geheimnis, dass ich als Foodie gerne ausgehe. Ich lasse mich sehr gerne bekochen, probiere gerne Neues und bin einfach begeistert von guter Küche und dem Handwerk und Aufwand, der dahintersteckt. Müsste ich zwischen neuen Schuhen und dem Besuch eines großartigen Restaurants wählen, ich würde ohne nachzudenken das Menü nehmen. Wie geht das mit einer guten Ernährungsbilanz zusammen? Ganz einfach: Gehe ich in ein Sternerestaurant oder gibt es einen besonderen Anlass, dann genieße ich den Abend und jeden Bissen! Ich werde vielleicht nicht den Brotkorb plündern und süße Cocktails trinken (aber das ist keine Heldentat für mich, die mag ich eh nicht).

Bei „normalen“ Restaurantbesuchen halte ich mich an ein paar Regeln und wähle die Gerichte entsprechend aus. Hier meine Tipps für einen Abend, der keinen anschließenden Suppentag braucht. Und falls du nicht so gerne ausgehst: Viele meiner Ausgehlieblinge habe ich im Rezeptteil für dich aufgeführt zum Daheimkochen!

TIPPS FÜR DEN DIÄTFREUNDLICHEN RESTAURANTBESUCH

Egal wo du bist:
Weg mit dem Brotkorb und der Butter vorneweg! Schieb sie deiner Begleitung hin und du hast ein Problem weniger.

Asiatische Restaurants sind immer eine gute Wahl:
Diese Küche ist leichter, frischer, fettärmer und perfekt zum Abnehmen. Lass Frittiertes weg und genieße Fisch, Geflügel, Rind, Suppen, Salate, Sommerrollen oder Sashimi.

Beim Italiener habe ich mich auf die Tageskarte verlagert:
Fisch vom Grill, Muscheln, Oktopus, Kurzgebratenes oder Salat statt Pizza. Trüffelnudeln nur zu ganz besonderen Anlässen und Tiramisu am besten vom Teller der Begleitung genascht, statt ein ganzes eigenes zu bestellen.

Salat ist die Lösung?
Nur mit den richtigen Saucen und Dressings! In den meisten stecken mehr Kalorien, als du denkst. Mach Salat immer lieber selbst am Restauranttisch an, so hast du die Menge an Öl im Griff. Meine Faustregel beim Blick in die Speisekarte: keine hellen Saucen. Das gilt auch für Dips und Pasta. Damit fallen schon mal Mayonnaisen und Buttermischungen weg sowie die sehr kalorienreichen Dressings. Eine Ausnahme sind Saucen und Dips auf Joghurtbasis.

Bei fränkischer und „gutbürgerlicher“ Küche:
Hier kann man seine Bestellungen etwas entschärfen, indem man den Braten mit Salat statt Spätzle wählt, beim „Schäuferla“ nicht die ganze Kruste isst und Bratkartoffeln weglässt. In unseren Breitengraden ist außerdem Sülze eine gute Wahl. Es gibt Ofenkartoffeln? Super für dich! Die angebotenen Varianten passen fast immer und bringen mit Lachs, Krabben oder Fleisch auch noch Eiweiß mit.

Grundsätzlich gilt:
Du sollst nicht neben deinem Partner oder inmitten deiner Freunde sitzen und das Gefühl haben, alle lassen es sich gutgehen, nur du nicht! Du willst unbedingt eine Pizza? Dann teile sie doch mit deiner Begleitung und iss einen großen Salat dazu. Nur die Menge macht das Gift! Wichtig ist vor allem, dass du dich mit deiner Wahl wohlfühlst. Sonst kommst du am Ende nach einem Abend, auf den du dich gefreut hast, frustriert nach Hause und futterst den Kindern die Süßigkeitenschublade leer ...

MEAL PREP

und figurrettende Maßnahmen

Wenn es etwas gibt, um dir den Alltag in Sachen guter und gesunder Ernährung zu erleichtern, dann ist es gute Vorbereitung und Bevorratung. Hier geht es nicht nur um punktuelle Lösungen von akuten Hungerattacken, in denen du den Kühlschrank aufreißen und dir das Erstbeste greifen würdest, sondern um einen entspannten Alltag, ob alleine, zu zweit oder als Familie.

Wir kennen es alle, man kommt hungrig nach Hause, hat sich vielleicht schon unterwegs zusammengerissen, um nicht noch beim Bäcker anzuhalten, und steht jetzt vor dem Kühlschrank. Im schlimmsten Fall ist er leer. Aber selbst bei einem gut gefüllten heißt es noch lange nicht, dass gleich Gesundes auf dem Teller liegt. Musst du erst mal lange vorbereiten, schmierst du dir vielleicht lieber eine schnelle Stulle oder rufst den Lieferdienst an. Hört sich bekannt an? Dabei ist es relativ einfach, immer gut vorbereitet zu sein! Ziel ist es, mit wenigen Griffen eine Mahlzeit zu zaubern, die dir auch wirklich schmeckt. Ich unterscheide dabei zwei Arten: entweder einzelne Zutaten oder ganze Mahlzeiten vorzubereiten.

VORBEREITUNG 1: MEINE BASICS FÜR KÜHLSCHRANK, TIEFKÜHLFACH UND VORRATSSCHRANK

Die Basics für die Essensvorbereitung sind einzelne Zutaten, die immer vorrätig sind (siehe Kasten rechte Seite), entweder bereits geschnitten, vorgegart oder abgepackt. Ich verwende Vakuumdosen, in denen bleibt alles locker eine Woche knackfrisch! Aus den Zutaten kann ich Suppen, Salate, Ofen- oder Beilagengemüse, Sommerrollen oder Sandwiches zubereiten, Pfannkuchen füllen oder Omeletts zaubern. Diesen Vorrat bereite ich gerne einmal pro Woche zu, meistens am Montag. Da das bei mir fast immer der Suppentag ist, verarbeite ich die Reste der Vorwoche und kaufe dann wieder frisch ein.

VORBEREITUNG 2: MEIN MEAL PREP – EINMAL PRO WOCHE ODER IMMER WIEDER

Die zweite Gruppe der Essensvorbereitung ist so simpel wie zeitsparend und besteht darin, ganze Mahlzeiten einzufrieren oder in verschließbaren Behältern im Kühlschrank zu deponieren. Es gibt nichts Einfacheres, als gleich die doppelte Menge zuzubereiten und sich so zu bevorraten, oder?

- Ofengemüse stets in großzügige Mengen zubereiten, den Rest aufheben oder einfrieren, das gibt die besten Suppen!

- Zwei Brote backen, eines einfrieren. Dasselbe Prinzip gilt auch für Kuchen und Muffins.

- Spargel doppelt verwenden: einmal heiß für sofort, einmal auf Vorrat für Salat oder Omelett.

- Immer gleich einen großen Pott Tomatensugo kochen. Perfekt für Suppen, Saucen, Aufläufe ...

IM KÜHLSCHRANK

- Geputzes und/oder bereits geschnittenes oder gegartes Gemüse für Suppen und Salate sowie Kräuter (vor allem Koriander)
- Zitronen und Limetten
- Gewaschene Beeren, Weintrauben, im Gemüsefach Kiwis und saisonales Obst
- In Schale gekochte Kartoffeln
- Parmesan und Feta
- Gewaschener und portionierter grüner Salat, Spinat, Mangold oder anderes „Grünzeug"
- Gekochte Eier
- Gebratenes Geflügel
- Garnelen
- Tofu, Kofu, Seitan oder andere vegetarische Alternativen
- Vorgekochte Hülsenfrüchte wie Linsen, Bohnen oder Lupinen
- Fettreduzierte Mayo und Sahne, Proteinquark (mein Tipp: Magerquark von Andechser), Joghurt, Frischkäse

IM TIEFKÜHLFACH

- Erbsen
- Edamame
- Spinat
- Beeren
- Eisgekühlte Snacks (siehe Seite 166)
- Geflügel, vor allem Perlhuhn, Fleisch und Fisch kaufe ich einmal im Monat und friere es ein
- Übrig gebliebene Pfannkuchen und Waffeln

IM VORRATSSCHRANK

- „Normale" Zutaten wie Salz und Pfeffer, Essig und Öl. Was Salz betrifft: Ich verwende ausschließlich Fleur de Sel oder gutes Meersalz. Weil es einfach besser schmeckt!
- Knoblauch, Schalotten und rote Zwiebeln
- Kokosmilch
- Miso- und Suppenbrühe
- Reisblätter für Sommerrollen
- Vollkornpasta, Vollkornreis und Vollkornmehle (Dinkel, Emmer, Buchweizen)
- Eine bunte Auswahl an Hülsenfrüchten. Ich habe immer mindestens fünf Sorten im Haus
- Currypasten (indisch und Thai)
- Gewürzmischungen für BBQ, Fisch und Gemüse
- Haferflocken, Dinkelflocken und die Vollkornvarianten
- Getrocknete Pilze
- Thunfisch, Oliven, Kapern und eingelegte Lupinen für Salate und Pasta

AUFGEBEN IST KEINE OPTION

Von Schieflagen, Kurven und Tendenzen

Bevor wir uns gleich den Produkten und den Rezepten zuwenden, möchte ich von all der Theorie, den gesunden Einkäufen, einer perfekten Planung und innerer Gelassenheit zu den Stunden, Tagen oder Wochen kommen, in denen einfach nichts hinhaut.

Gerne würde ich sagen, lies mein Buch, koche meine Rezepte, nimm dir Zeit für dich, liebe deinen Körper, plane deinen Tag effektiv und du wirst sehen, in drei Monaten strahlst du mit deinem Traumgewicht inmitten eines perfekten entspannten Lebens sorglos vor dich hin.

Leider wissen wir alle, dass es so was nicht gibt. Wenn du zu den Menschen gehörst, die immer 100 Prozent konsequent sind und sich und ihr Gewicht stets voll im Griff haben, hättest du mein Buch vermutlich gar nicht erst gekauft. Wenn du jedoch wie ich zur anderen Gruppe gehörst, ist dein Gewicht eine Art Lebensaufgabe. Vielleicht erst jetzt, nach einer Schwangerschaft, mit zunehmendem Alter oder in den Wechseljahren. Möglicherweise warst du noch vor Kurzem schlank, ohne dich dafür groß bemühen zu müssen, und stehst jetzt vor einer ganz neuen Situation, auf dem Weg zurück zum Normalgewicht. Egal wie, eines ist klar: Es gibt gute Tage, es gibt schlechte Tage und es gibt richtig besch*** Tage. Und auch solche Wochen und Monate.

Für diese Tage, in denen du in alte Muster verfällst, die halbe Süßwarenabteilung kaufst und auch isst, gibt es schnelle Lösungen. Statt zu sagen, jetzt ist eh alles egal, solltest du dich an die Wochenbilanz erinnern, einen Entlastungstag einlegen und weitermachen. Statt dich für die essenstechnischen Entgleisungen selbst zu zerfleischen, könntest du dir Gedanken machen, wie es dazu kam. Bist du zu streng und verbietest dir zu viel? Möchtest du zu schnell am Ziel sein? Isst du schlicht und einfach zu wenig? Oder hast du gerade Stress oder bist unglücklich? Emotionales Essen ist eine der Hauptursachen für den Kontrollverlust und es ist um so wichtiger, den Ursachen auf den Grund zu gehen.

VON ZAHLEN UND RICHTUNGEN

Als ich anfing, wieder Kohlenhydrate zu mir zu nehmen, hatte ich null Erwartungen, dass mein Gewicht nach unten gehen würde. Ich habe mich nach zwei Monaten Lockdown probeweise bei den Weightwatchers angemeldet, alleine weil ich mich irgendwie ablenken wollte. Mein Gewicht war in den Monaten davor stetig nach oben gegangen und ich war überzeugt davon, dass es nicht schlimmer werden kann und ich es einfach mit vollwertiger Nahrung versuchen werde. Ich wollte mich auf keinen Fall einschränken, die Zeit und die Umstände waren restriktiv genug, es war wirklich eher eine Art Beschäftigungstherapie. Was passierte, hat mich selbst überrascht. Ich nahm endlich wieder ab, aber wirklich langsam. Manchmal stagnierte das Gewicht ewig oder stieg sogar wieder. Das ist bis heute so, ich komme immer wieder an einen Punkt, wo scheinbar nichts mehr geht. Sehe ich mir aber die Tendenz an, so geht sie stetig nach unten! Und das ist der Punkt!

DER WEG IST TATSÄCHLICH DAS ZIEL

Der Weg zum Wunschgewicht ist ein verrücktes Auf und Ab mit schier endlosen Plateaus. Und halte dir immer vor Augen: Auch meine läppischen durchschnittlichen 300 Gramm weniger in der Woche auf der Waage machten letztendlich 14 Kilo im Jahr aus. Und das bei vollem Genuss, trotz Ausgehen, Restaurantbesuchen und dem einen oder anderen Glas Wein.

DU KANNST DICH JEDERZEIT AUF DEINEN WEG MACHEN, DU BIST SCHLIESSLICH KEIN BAUM.

Was aber, wenn du einmal falsch abbiegst und einfach den Wendepunkt nicht mehr findest? Wenn aus einem miesen Tag plötzlich miese Wochen oder sogar Monate werden? Wenn du dir die verlorenen Kilos wieder angefuttert hast?

Offensichtlich hast du den ersten Schritt zurück schon getan, denn du hast mein Buch vor dir liegen und liest sogar den Theorieteil. Das freut mich so sehr! Es zeigt, dass du deine Situation anpacken möchtest, dass Aufgeben keine Option für dich ist.

SEI GUT ZU DIR SELBST

Scheitern liegt oft an unrealistischen Erwartungen und Maßnahmen, die man nicht langfristig umsetzen kann. Man geht übermotiviert an die Sache ran, aber mit der Zeit verpufft der Enthusiasmus und alles geht wieder seinen gewohnten Gang. Wie wenn man sich neu im Fitnessstudio anmeldet, sich vornimmt, täglich hinzugehen, es schleifen lässt und dann als eine der vielen Karteileichen endet. Wie bei den vollkommen unmöglich abzuarbeitenden To-do-Listen, über die ich anfangs schrieb, fehlt uns gerade im größten Motivationsschub oft der Sinn für Realität. Kommen noch Ungeduld gepaart mit zu vielen Verboten dazu, wirst du kaum durchhalten.

DIE ZEIT VERGEHT SOWIESO

Irgendwo habe ich den Spruch gelesen „Gib niemals dein Ziel auf, nur weil es scheinbar so lange dauert, es zu erreichen. Die Zeit vergeht sowieso.“ Irgendwie wurde es zu meinem Motto in den letzten Monaten und hat mich mehr motiviert als alles andere. Die Zeit vergeht sowieso, und wenn man jeden Tag nur ein bisschen was für sich tut, in sich selbst investiert, dann zahlt es sich am Ende aus!

AUFSTEHEN, ABSCHÜTTELN, WEITER GEHT'S!

Es geht ja nicht nur um die Optik, auch wenn sie in unserer Zeit so sehr im Fokus steht. Es geht um dein Wohlbefinden, deine Gesundheit, den Spaß am Leben. Man hat nur das eine, und das sollte man aus dem Vollen leben, oder? Man muss dafür keine Modelmaße haben, sondern einfach nur seinen eigenen, entspannten und nachhaltigen Weg finden – und ich hoffe, wir gehen ihn gemeinsam! Wenn du magst, dann komm in meine Facebook-Gruppe, ich behaupte, sie ist die netteste im ganzen Netz und immer für deine Fragen offen. Den Link dazu findest du unter jedem meiner Rezepte auf www.holladiekochfee.de.

WENN GÄSTE KOMMEN

Dann bitte ohne Stress!

Essen ist Kommunikation und die klappt am besten, wenn es entspannt zugeht – nicht nur am Tisch, sondern auch vorher in der Küche. Mit diesen Rezepten kommst du garantiert nicht ins Schwitzen.

Sommerrollen Seite 134

Tatar Seite 114

TIPP

Für mehr Gäste einfach zwei Bleche in den Ofen schieben!

One Tray Fisch

Seite 140

Sommerrollen sind ebenso unkompliziert wie meine heißgeliebten One Trays oder das Tatar, das sich bei mir zu Hause immer alle wünschen. Der Espresso Fluff kann super vorbereitet werden.

Espresso Fluff

Seite 174

VORSPEISEN, SUPPEN & SALATE

Klein und fein, heiß oder kalt.
Als leckerer Start deines
Menüs oder mehrere dieser
Kleinigkeiten zusammen als
Hauptgang für mehr
Abwechslung auf dem Teller.

TIPP

Gleich mehrere Auberginen garen, das Fruchtfleisch herausnehmen, mit Salz, Pfeffer, Knoblauch und deinen Lieblingskräutern mischen und als Aufstrich genießen.

GEBACKENE AUBERGINEN

mit Koriander-Kokos-Joghurt

Auberginen schmecken nach nichts? Von wegen! Gebacken, ordentlich gewürzt und mit Joghurt und Kräutern kombiniert sind sie einfach köstlich!

Zutaten für 2 Personen:

1 Aubergine (ca. 300 g)
2 TL Olivenöl
Salz, Pfeffer aus der Mühle
einige Zweige Rosmarin
einige Zweige Thymian
2 Knoblauchzehen
150 g Cocktailtomaten
1 Msp. Meersalz
1 Handvoll Koriander
1 Becher Kokosjoghurt (150 g; vegan)
Saft von 1 Limette

Nährwerte pro Person:
185 kcal, 6 g EW, 9 g F, 17 g KH

1. Den Backofen auf 190 °C (Umluft) vorheizen

2. Die Aubergine waschen, halbieren, die Schnittflächen mit 1 TL Olivenöl einpinseln, mit Salz und Pfeffer würzen. Dann mit den Schnittflächen nach oben auf ein Backblech legen.

3. Rosmarin und Thymian waschen und trocken schütteln. Den Knoblauch schälen, andrücken und mit den Kräutern auf die Schnittflächen legen. Die Auberginen im Ofen auf der mittleren Schiene 20 Minuten backen.

4. Die Tomaten waschen, mit dem restlichen Olivenöl vermischen, mit dem Meersalz würzen und auf das Backblech dazugeben. Alles weitere 10 Minuten backen.

5. Den Koriander waschen, trocken schütteln, die Blättchen abzupfen und grob hacken. Den Kokosjogurt mit dem Limettensaft und dem gehackten Koriander vermischen. Zuletzt mit Salz und Pfeffer würzen.

6. Das Gemüse aus dem Ofen nehmen und zusammen mit dem Joghurt anrichten.

MAISPFANNKUCHEN

mit Kräutercreme und Erbsen

Der pure Frühling auf dem Teller! Diese Farben machen einfach gute Laune und die kleinen Pfannkuchen sind so lecker. Sie lassen sich gut auf Vorrat kochen und schmecken auch kalt.

Zutaten für 2 Personen (ergibt 6 Stück):

Für die Maispfannkuchen
100 g Mais (aus der Dose)
75 g Maismehl
1 TL Weinsteinbackpulver (5 g)
1 Ei (Größe L)
½ TL Meersalz
1 Prise Pfeffer aus der Mühle
150 g Naturjoghurt (3,8 % Fett)
1 TL Kurkumapulver
50 ml Milch (1,5 % Fett)
Fett zum Backen

Für die Erbsen
100 g junge TK-Erbsen
1 TL Butter
Salz, Pfeffer aus der Mühle

Für die Kräutercreme
1 Handvoll frische Kräuter
200 g griechischer Joghurt (0,2 % Fett)
1 EL Schmand
Salz, Pfeffer aus der Mühle

Nährwerte pro Person: 530 kcal, 27 g EW, 22 g F, 52 g KH

1. Für die Pfannkuchen den Mais in einem Sieb abbrausen, abtropfen lassen und grob mixen oder hacken. Mit den restlichen Pfannkuchenzutaten vermischen und alles 20 Minuten quellen lassen. Anschließend aus dem Teig in wenig Fett in einer beschichteten Pfanne bei mittlerer Hitze 6 kleine Pfannkuchen ausbacken.

2. Für die Erbsen zunächst die Erbsen mit 2 EL Wasser und der Butter aufkochen und dann alles 2 Minuten einkochen lassen. Zuletzt mit Salz und Pfeffer würzen.

3. Für die Creme die Kräuter waschen, trocken schütteln, die Blättchen abzupfen und hacken. Mit dem Joghurt sowie dem Schmand vermischen und mit Salz und Pfeffer würzen.

4. Die Maispfannkuchen mit der Creme und den Erbsen anrichten.

TIPP

Wer mag, kann die Kräutercreme noch mit einem Spritzer Zitronensaft abschmecken für eine Extraportion Frische. Mir reicht als Vorspeise nur ein Pfannkuchen, den Rest friere ich ein (siehe Meal Prep S. 26). Oder ich esse meine drei Pfannkuchen als Hauptgericht.

GRAZING BOARD

Die Qual der Wahl

S. 48
S. 44
S. 43
S. 41
S. 45
S. 42

WHIPPED FETA

mit Roter Bete

Seit vielen Jahren mixe ich meinen Feta mit allem Möglichen – und jetzt ist es DER Trend! Also dann, Zeit, ihn in etwas ganz Neues zu verwandeln, nämlich einen köstlichen Dip nach deinem Geschmack.

Zutaten für 2 Personen:
150 g Feta (Schafskäse; ersatzweise Hirtenkäse)
30 g Mayonnaise (fettreduziert)
50 g Frischkäse
1 EL Olivenöl
4 EL Rote-Bete-Würfel (aus dem Glas)
Salz, Pfeffer aus der Mühle

Für das Topping (optional)
1 Bund Radieschen
1–2 Zweige Thymian (ersatzweise andere Kräuter)
2 TL Öl
Meersalz
Pfeffer aus der Mühle

Nährwerte pro Person:
335 kcal, 15 g EW, 28 g F, 5 g KH

1. Den Feta in die Rührschüssel des Mixers bröseln, die restlichen Zutaten außer Salz und Pfeffer hinzufügen und alles cremig mixen. Zuletzt mit Salz und Pfeffer würzen.

2. Optional für das Topping den Ofen auf 210 °C Grad (Umluft) vorheizen. Die Radieschen putzen und waschen, dann je nach Größe halbieren oder vierteln. Den Thymian waschen, trocken schütteln, die Blättchen abzupfen und mit dem Öl, Salz und Pfeffer mischen. Die Radieschen im Würzöl wenden, auf ein Backblech geben und im Ofen auf der mittleren Schiene etwa 10 Minuten backen.

TIPPS

Dieser Dip ist ein wahres Multitalent! Er passt zu Ofengemüse, Gemüsesticks, zum Saatenknäcke (siehe Seite 43) und verdünnt auch als Dressing für deinen Salat. Bereite ihn mit Joghurt, Schmand oder einer veganen Alternative statt Frischkäse zu oder verwende statt Roter Bete gegrilltes Gemüse für einen mediterranen Touch.

ROTE ZWIEBELN

rosa gepickelt

Was für eine tolle Farbe diese gepickelten Zwiebeln haben, oder? Sie sind schnell gemacht und müssen gar nicht lange ziehen, bis du sie genießen kannst. Perfekt auf dem Burger, zum Fleisch oder zur Brotzeitplatte.

Zutaten für 1 Glas (à 580 ml):
250 g rote Zwiebeln (geschält gewogen)
125 ml Apfelessig
1 TL Salz
1 TL Zucker
1 TL Senfkörner (optional)

Nährwerte pro 100 g:
35 kcal, 1 g EW, 0 g F, 6 g KH

1. Die Zwiebeln schälen, in feine Scheiben schneiden oder hobeln und in ein Einmach- oder Schraubglas füllen.

2. Den Essig mit 175 ml Wasser und den Gewürzen aufkochen.

3. Den Sud auf die Zwiebeln gießen, das Glas verschließen und alles abkühlen lassen. Anschließend die Zwiebeln im Kühlschrank über Nacht ziehen lassen und dann servieren.

TIPP

Das Pickeln geht auch wunderbar mit Radieschen!

LABNEH

Leichte Levante-Küche

Dieser „Käse" aus passiertem Joghurt ist schnell gemacht und eine tolle Bereicherung in der Küche. Ich serviere ihn heute mit einem Kräuteröl – aber Labneh schmeckt auch süß ganz wunderbar!

Zutaten für 250 g Labneh:

500 g Naturjoghurt (3,8 % Fett)
Salz

Für das Kräuteröl
1 Handvoll frische Kräuter (nach Wahl)
4 Knoblauchzehen
2 EL Olivenöl
Salz, Pfeffer aus der Mühle

Nährwerte pro 100 g:
110 kcal, 5 g EW, 7 g F, 6 g KH

1. Ein Sieb mit einem Passiertuch ausschlagen, den Joghurt hineingeben, eine Schüssel darunterstellen und den Joghurt über Nacht im Kühlschrank abtropfen lassen. Anschließend mit 1 Prise Salz würzen und mit dem Schneebesen aufschlagen.

2. Für das Öl die Kräuter waschen, trocken schütteln, die Blättchen bzw. Nadeln abzupfen und fein hacken. Den Knoblauch schälen und ebenfalls fein hacken. Beides mit dem Olivenöl vermischen. Zuletzt mit Salz und Pfeffer abschmecken. Das Kräuteröl entweder sofort servieren oder ziehen lassen. Je länger es steht, desto besser können sich die Aromen der Gewürze entfalten.

3. Labneh in eine Schüssel geben, etwas Kräuteröl darüberträufeln und servieren.

TIPP

Wer keine Profi-Passiertücher hat, kann auch ein sauberes Küchentuch nehmen oder ganz günstig Mullwindeln im Mehrfachpack kaufen. Alle drei Varianten lassen sich waschen und immer wieder verwenden.

SAATENKNÄCKE MIT HANF

Die gesunde Knabberei

Seit ich Hanf für mich entdeckt habe, kommt er ganz oft zum Einsatz, natürlich auch in meinem Knäckebrot! Das liebe ich mit Aufstrich oder als kleine Knabberei, perfekt für unterwegs.

Zutaten für 1 Backblech (ca. 4 Portionen):

100 g Vollkornhaferflocken
100 g Vollkorndinkelmehl
150 g Körnermix (z. B. Vital-Kerne-Mix von Seeberger)
20 g geschälte Hanfsamen
10 g Meersalz
10 g Olivenöl

Nährwerte pro Person:
440 kcal, 19 g EW, 25 g F, 34 g KH

1. Alle Zutaten in eine Rührschüssel wiegen, mit 330 ml Wasser vermischen und 15 Minuten quellen lassen.

2. Den Backofen auf 180 °C (Ober- und Unterhitze) vorheizen und ein Backblech mit Backpapier auslegen. Die Masse gleichmäßig darauf verstreichen und im Ofen bei 180 °C 10 Minuten, dann bei 150 °C weitere 60 Minuten backen, bis sie trocken ist.

3. Anschließend das Knäcke aus dem Ofen nehmen, auf einem Gitter vollständig abkühlen lassen und in Stücke brechen.

TIPP

Statt dem Körnermix und der Hanfsaat kannst du Samen, Kerne und Nüsse deiner Wahl nehmen und das Knäckebrot ganz nach deinem Geschmack verfeinern: mit gerösteten Zwiebeln, Käse, Paprika… jedes Mal anders!

WEISSE-BOHNEN-PASTE

mit Fenchel

Seit ich die Bohnenpaste zum ersten Mal auswärts gegessen habe, mache ich sie zu Hause nach. Am liebsten würze ich sie mit Fenchel, so werden die Bohnen verträglicher.

Zutaten für 2 Personen:

1 TL Fenchelsamen
1 Dose weiße Riesenbohnen (225 g Abtropfgewicht)
1 EL Olivenöl + 2 TL zum Anrichten
2 EL Zitronensaft
1 EL Crème légère
Salz, Pfeffer aus der Mühle

Zum Anrichten
2 Scheiben Buchweizen-Dinkel-Brot (s. S. 48)

Nährwerte pro Person:
330 kcal, 13 g EW, 14 g F, 34 g KH

1. Die Fenchelsamen in einer kleinen Pfanne ohne Fett anrösten. Anschließend mörsern oder hacken und beiseitestellen.

2. Die Bohnen in einem Sieb abbrausen und abtropfen lassen. 200 g Bohnen mit 1 EL Olivenöl, dem Zitronensaft und der Crème légère fein mixen. Zuletzt mit Salz und Pfeffer abschmecken.

3. Zum Anrichten das Brot entweder toasten oder in der Pfanne oder im Ofen rösten.

4. Die Bohnenpaste mit 2 TL Olivenöl, den restlichen Bohnen und den Fenchelsamen anrichten und servieren.

TIPP

Zu dieser Paste passen ein paar im Ofen geröstete Scheiben Fenchel ganz hervorragend.

GERÖSTETE KICHERERBSEN

Gewürzt, wie du es magst

Gesund und eiweißreich snacken kann so einfach sein! Die Kichererbsen sind in 30 Minuten fertig und du kannst sie nach Lust und Laune würzen. Mit geräuchertem Paprikapulver, Wasabipulver oder deiner Lieblingswürzmischung.

Zutaten für 8 Portionen:

1 Dose Kichererbsen (480 g Abtropfgewicht)
1 EL Olivenöl
1–1 ½ TL Fleur de Sel
½–1 EL Gewürzmischung (Menge nach Wahl und je nach Schärfe)

Nährwerte pro 1 EL (20 g):
90 kcal, 4 g EW, 3 g F, 10 g KH

1. Den Ofen auf 200 °C (Umluft) vorheizen.

2. Die Kichererbsen in ein Sieb abgießen, kalt abbrausen und abtropfen lassen. Auf einem Küchentuch ausbreiten und gut trocken tupfen.

3. Die Kichererbsen mit dem Olivenöl in einer Schüssel vermischen. Auf einem mit Backpapier ausgelegten Backblech verteilen und im Ofen auf der zweiten Schiene von unten 30 Minuten rösten.

4. Anschließend die Kichererbsen aus dem Ofen nehmen und zurück in die Schüssel geben. Mit dem Fleur de Sel und der Gewürzmischung würzen und servieren.

TIPP

Ich verwende sehr gerne ein scharfes Grillgewürz (Piri Piri), eine Mischung aus Meersalz, Knoblauch-, Chili- und Paprikapulver. Aber auch ganz simpel nur mit Meersalz schmecken die Kichererbsen wunderbar!

MEDITERRANE FRISCHKÄSECREME

mit gebratener Paprika

Frischkäse ist eine wunderbare Basis für herzhafte Cremes aller Art. Ich röste das Gemüse vorher im Ofen, so sorgt es für extra viel Geschmack und Farbe. Funktioniert auch prima mit Zucchini, Karotten, Auberginen ...

Zutaten für 2 Personen:

150 g gemischte Paprikaschoten
1 TL Olivenöl
100 g Frischkäse
1 TL Balsamico bianco
Salz, Pfeffer aus der Mühle

Nährwerte pro Person:
85 kcal, 6 g EW, 5 g F, 4 g KH

1. Die Paprikaschoten längs halbieren, entkernen, waschen und in Streifen schneiden.

2. Das Olivenöl in einer Pfanne erhitzen und die Streifen darin etwa 10 Minuten langsam anbraten, bis sie Röstaromen entwickeln. Anschließend aus der Pfanne nehmen und kurz abkühlen lassen.

3. Die Paprika mit dem Frischkäse mixen. Dann mit dem Balsamico sowie Salz und Pfeffer abschmecken. Die Creme noch einmal fein mixen und servieren.

TIPP

Auch Labneh oder Ricotta lassen sich sehr gut und kalorienarm auf diese herzhafte Art verfeinern.

EIERPÄCKCHEN

Überraschungsei für Groß und Klein

Und hier mein 2 in 1 für dich: perfekt gegartes Eiweiß mit einem Eigelb wie pochiert. Die kleinen Päckchen gelingen immer und sind herrlich wandelbar, egal ob vegetarisch oder nicht.

Zutaten für 2 Personen:

2 Eier (Größe L)
Öl zum Backen
2 TL Frischkäse
Füllung nach Wahl
(z. B. geriebener Käse, Schinkenstreifen, Gemüsestreifen, gebratener Bacon)
Salz, Pfeffer aus der Mühle

Nährwerte pro Person (bei 1 EL geriebenem Käse als Füllung): 160 kcal, 9 g EW, 13 g F, 1 g KH

1. Ein Ei trennen und das Eiweiß in einer Schüssel leicht anschlagen. Eine Pfanne erhitzen, mit Öl auspinseln und das Eiweiß darin kurz stocken lassen

2. Einen Klecks Frischkäse und die Füllung deiner Wahl in die Mitte des Eiweißes setzen, das Eigelb darübergeben und das Eiweiß wie ein Päckchen über die Füllung umklappen.

3. Das Eipäckchen bei mittlerer Hitze etwa 5 Minuten braten, dabei einmal vorsichtig wenden. Zuletzt mit Salz und Pfeffer würzen.

4. Mit dem zweiten Ei ebenso verfahren. Beide Päckchen servieren.

TIPP

Die Eierpäckchen sind auch eine tolle Überraschung im Burger oder als easy Egg-Benedict auf Toast.

BUCHWEIZEN-DINKEL-BROT

Und ein Emmerbrot noch dazu

Du möchtest genau wissen, was in deinem Brot steckt? Dann mache es einfach selbst! Ich liebe es inzwischen, mit gesunden Zutaten zu experimentieren und jede Woche mein Lieblingsbrot zu backen.

Zutaten für 1 Kastenform (24 cm; ergibt ca. 20 Scheiben):

300 g Vollkorndinkelmehl
100 g Buchweizenmehl
1 Päckchen Trockenhefe
1 TL Meersalz
150 g Naturjoghurt (3,8 % Fett)
Fett für die Form

Nährwerte pro Scheibe:
80 kcal, 3 g EW, 1 g F, 14 g KH

1. Alle Zutaten mit ¼ l lauwarmem Wasser mit der Hand zu einem Teig verkneten und diesen abgedeckt 2 Stunden gehen lassen.

2. Den Backofen auf 180 °C (Ober- und Unterhitze) vorheizen und die Form einfetten.

3. Den Teig noch einmal kurz durchkneten, er sollte zähflüssig sein. Eine kleine, ofenfeste Schüssel mit Wasser füllen und auf den Ofenboden stellen. Den Teig in die Form füllen und im Ofen auf der mittleren Schiene 1 Stunde backen.

4. Anschließend das Brot aus dem Ofen nehmen, aus der Form stürzen, abkühlen lassen und servieren.

VARIANTE

Emmerbrot für 1 kleine Kastenform (10 x 15 cm; ca. 10 dünne Scheiben): **250 g Vollkornemmermehl** mit **175 ml Wasser, 1 Päckchen Trockenhefe (7 g), 5 g Meersalz** und **20 g Sonnenblumenkernen** zu einem glatten Teig verkneten und diesen abgedeckt 40 Minuten gehen lassen. Dann den Teig erneut kneten, in eine mit **1 TL Butter** gefettete Form geben und weitere 30 Minuten gehen lassen. Eine kleine, ofenfeste Schüssel mit Wasser füllen und auf den Ofenboden stellen. Den Teig im vorgeheizten Ofen bei 200 °C (Ober- und Unterhitze) 40 Minuten backen.

TIPP
Optional das Brot mit Körnern bestreuen, Körner in den Teig geben oder ihn mit Kräutern (z. B. Rosmarin, Thymian) oder Gewürzen (z. B. Fenchelsamen, Kümmel) verfeinern.

MANGOLDMUFFINS

mit Frischkäsecreme

Diese gesunden Muffins schmecken nicht nur warm als vegetarische Mahlzeit, sondern sind auch super für unterwegs, fürs Büro, als Pausensnack oder im Picknickkorb.

Zutaten für 6 Stück:

Für die Muffins

evtl. Fett für die Form
150 g Mangoldblätter (ersatzweise Blattspinat, Pak-Choi-Blätter oder 100 g TK-Blattspinat)
1 rote Zwiebel (70 g)
2 Knoblauchzehen
1 TL Öl
2 Eier (Größe L)
40 g Vollkornroggenmehl
2 TL Weinsteinbackpulver (10 g)
1 Msp. frisch geriebene Muskatnuss
Salz, Pfeffer aus der Mühle

Für die Frischkäsecreme

100 g Frischkäse
1 TL (5 g) scharfer Meerrettich
frische Kräuter oder Kresse zum Garnieren (optional)

Nährwerte pro Stück:
90 kcal, 5 g EW, 4 g F, 8 g KH

1. Den Backofen auf 180 °C (Ober- und Unterhitze) vorheizen und Muffinförmchen einfetten (Silikonförmchen nicht einfetten, sondern nur kurz mit Wasser ausspülen und danach nicht abtrocknen).

2. Für die Muffins den Mangold putzen, waschen, trocken schleudern und in feine Streifen schneiden. Die Zwiebel und den Knoblauch schälen und in feine Würfel schneiden. Die Würfel im heißen Öl anbraten. Mangold hinzufügen und 2 Minuten mitbraten.

3. In einer Rührschüssel die Eier mit Mehl und Backpulver mischen und mit Muskatnuss, Salz und Pfeffer würzen. Dann den Mangold unterheben. Den Teig in die Förmchen füllen und im Ofen auf der mittleren Schiene etwa 15 Minuten backen. Anschließend aus dem Ofen nehmen und aus den Förmchen stürzen.

4. Für die Creme den Frischkäse mit dem Meerrettich vermengen. Die Frischkäsecreme auf den Muffins verteilen und optional mit Kräutern anrichten.

TIPP

Ich verwende für die Creme auch gerne Ziegenfrischkäse. Die Muffins schmecken auch mit geräuchertem Fisch super!

MISO-BAUKASTEN

Nach dem Ausgehen gibt es Suppe

Warum sind Japaner selten übergewichtig? Weil sie so viel Suppe essen! Puzzle dir DIE schlanke Suppe schlechthin zusammen. Einfach Misobrühe aufkochen, Zutaten deiner Wahl hinzufügen, sanft garen, toppen, fertig!

DIE BRÜHE

Misobrühe
(z. B. aus Soja-, Gerste-,
Reis-, Lupinenpaste oder
Instantpulver)

FÜR DIE WÜRZE
(nach Wahl)

Ingwer
Zitronengras
Limette
Limetten- oder Zitronenblätter
Chilischoten
Algenpulver
Sojasauce

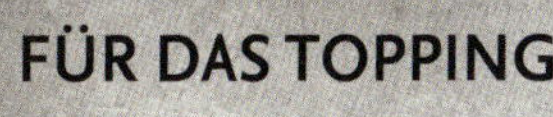

FÜR DAS TOPPING
(nach Wahl)

geröstete Erdnusskerne, Sesamsamen
Algen, Gomasio
Koriander, Minze, Petersilie

FÜR DIE EINLAGEN
(nach Wahl)

Möhren
Erbsen, Bohnen, Zuckerschoten
Edamame
Champignons, alle Arten von Asia-Pilzen
Algen
Frühlingszwiebeln, Lauch
Tofu
Ei (pochiert oder wachsweich)
Seidentofu, Kofu
Konjaknudeln, Reis
Fleisch/Fisch* z. B.: Hähnchen, Streifen von Rindfleisch, alle Arten von Fischfilet
Garnelen

*Ich gare dabei entweder direkt in der Brühe oder brate separat an und verwende auch sehr gerne Reste, auch von bereits gebratenem Geflügel oder jedem Sonntagsbraten!

TOMATENSUGO

Die Basis für so Vieles

Ich halte den Sugo von der Würze sehr einfach, damit ich ihn auf Vorrat kochen und anschließend vielfältig verwenden kann: als Basis für Saucen, für Tomatensuppe, Lasagne oder Aufläufe.

Zutaten für Sugo auf Vorrat:

3 kleine Schalotten
2–3 Knoblauchzehen
1 EL Olivenöl
2 EL Tomatenmark
1 TL Zucker
3 Dosen Tomaten
(à 400 g; ich schwöre auf „Polpa – feinstes Tomatenfruchtfleisch" von Mutti)
50 ml Weißwein
2 Lorbeerblätter
Salz, Pfeffer aus der Mühle

Nährwerte pro 100 ml:
35 kcal, 1 g EW, 1 g F, 4 g KH

1. Die Schalotten und den Knoblauch schälen, die Schalotten in feine Würfel schneiden und den Knoblauch hobeln. Das Olivenöl in einem Topf erhitzen und beides darin ganz zart bräunen. Dann das Tomatenmark sowie den Zucker dazugeben und mit anbraten.

2. Die Tomaten hinzufügen, die Dosen mit Wasser ausspülen und 300 ml von diesem Wasser dazugießen. Dann den Wein und die Lorbeerblätter dazugeben. Zuletzt alles mit Pfeffer und wenig Salz würzen. Bei schwacher Hitze etwa 2 Stunden köcheln lassen – dabei ein paarmal umrühren –, bis sich die Menge mindestens halbiert hat und der Sugo dickflüssig und geschmacksintensiv ist. Anschließend abschmecken und die Lorbeerblätter herausnehmen.

SO LÄSST SICH SUGO VERWENDEN

- Vollkornpasta mit Sugo und Parmesan. Alternativ mit Lupinen Miso Pulver statt Parmesan.
- Schnelle Tomatensuppe aus verdünntem Sugo mit Gemüsebrühe oder Tomatensaft, auch mit Reis als Einlage.
- Schnelle Lasagne oder gesunder Auflauf aus Sugo geschichtet mit Gemüsestreifen.
- Sugo als Pizzasauce für Pizzen mit Low-Carb-Boden oder Boden aus Auberginenscheiben.

TIPP

Manchmal würze ich zum Abschmecken mit etwas Sojasauce.

ASIATISCHE KOKOSSUPPE

mit Mango und Knusperseitan

Wie diese Suppe duftet! Mit dem sehr eiweißreichen und fettarmen Seitan ist sie ein perfektes Abendessen. Je nach Menge der Currypaste kannst du die Schärfe selbst bestimmen.

Zutaten für 2 Personen:

100 g Möhren
60 g Lauch
60 g Frühlingszwiebeln
6 kleine Cocktailtomaten
1 Stängel Zitronengras
2 TL Kokosöl
1 TL rote scharfe Currypaste
50 g Erbsen (ersatzweise Edamame, Zuckerschoten)
400 ml Kokosmilch (fettreduziert)
1–2 TL Sojasauce (salzreduziert)
1 Scheibe geschälter Ingwer (1 cm dick)
200 g asiatisch marinierter Seitan
100 g Mangofruchtfleisch (in Streifen oder in Würfeln)
2 Handvoll Koriander
Saft von ½–1 Limette (Menge nach Wahl)

Nährwerte pro Person:
505 kcal, 27 g EW, 31 g F, 26 g KH

1. Die Möhren putzen, schälen und in Scheiben schneiden. Den Lauch und die Frühlingszwiebeln putzen, waschen und in Scheiben schneiden. Die Tomaten waschen. Das Zitronengras putzen, dritteln und mit einem Fleischklopfer oder einem schweren Topf fest daraufklopfen, um die Fasern zu öffnen (so gibt es mehr Aroma).

2. In einem Topf 1 TL Kokosöl erhitzen und die Currypaste darin anbraten. Dann Möhren, Lauch, Frühlingszwiebeln, Tomaten und Erbsen dazugeben und 1 Minute mitbraten. Mit der Kokosmilch ablöschen, die Sojasauce, den Ingwer und das Zitronengras hinzufügen und die Suppe 5 Minuten köcheln lassen.

3. Währenddessen den Seitan aus der Packung nehmen, trocken tupfen, in Scheiben schneiden und im restlichen Kokosöl knusprig ausbraten.

4. Das Zitronengras und den Ingwer aus der Suppe nehmen. Das Mangofruchtfleisch kurz in der Suppe erwärmen. Währenddessen den Koriander waschen, trocken schütteln, die Blättchen abzupfen und grob hacken.

5. Zuletzt die Suppe mit dem Limettensaft verfeinern. In zwei Schüsseln füllen und mit dem gehackten Koriander und dem knusprigen Seitan anrichten.

LINSEN-MÖHREN-SUPPE

mit Orange und Zimt

Leicht scharf, super aromatisch, fruchtig und voller Eiweiß – ich koche diese sättigende Suppe das ganze Jahr über, denn Zimt geht nicht nur an Weihnachten. Schmeckt auch prima als Pasta Sauce!

Zutaten für 2 Personen:

300 g Möhren
100 g rote oder gelbe Linsen (mit ca. 10 Minuten Kochzeit)
1 TL Öl
1 TL gelbe Currypaste
½ l heiße Gemüsebrühe
1 große oder 2 kleine Bio-Orangen
Salz, Pfeffer aus der Mühle
Zimtpulver
frische Brunnenkresse zum Garnieren (optional)

Nährwerte pro Person:
320 kcal, 14 g EW, 8 g F, 39 g KH

1. Die Möhren putzen, schälen und in 0,5 cm dicke Scheiben schneiden. Die Linsen in einem Sieb kalt abbrausen und abtropfen lassen.

2. Das Öl in einem Topf erhitzen und die Currypaste darin anbraten. Dann die Möhren und die Linsen dazugeben, umrühren und mit der heißen Brühe ablöschen. 10 Minuten köcheln lassen, bis die Möhren und Linsen weich sind.

3. Die Orange(n) heiß waschen, trocken reiben, die Schale abreiben und den Saft auspressen. Die Suppe mit 100 ml Orangensaft fein mixen. Danach weitere 100 ml Orangensaft und ½ bis 1 TL Orangenabrieb dazugeben und zuletzt mit Salz und Pfeffer abschmecken.

4. Die Linsen-Möhren-Suppe mit Zimt bestreuen, optional mit Brunnenkresse garnieren und servieren.

TIPP

Ich mag meine Suppen dickflüssig, so fühle ich mich schneller satt. Du kannst aber gerne noch etwas mehr Brühe dazugeben.

OKTOPUSSALAT

So schnell warst du noch nie am Meer

Für mich ist dieser Salat neben Muscheln (siehe Seite 138) DER Kurzurlaub auf dem Teller! Einfach gemacht, voller Eiweiß und so lecker. Mit vorgegartem Oktopus ist dieser Salat in 10 Minuten fertig.

Zutaten für 2 Personen:

2 TL Olivenöl
300 g Oktopus (vorgegart und in mundgerechten Stücken)
1 Bio-Zitrone
½ Bund Petersilie
1–2 Knoblauchzehen (optional; ich gebe sie gern für mehr Geschmack zu)
Fleur de Sel
Pfeffer aus der Mühle

Nährwerte pro Person:
195 kcal, 29 g EW, 7 g F, 5 g KH

1. Das Olivenöl in einer Pfanne erhitzen und den Oktopus darin golden braten. Die Zitrone waschen, in Spalten schneiden und beiseitestellen. Die Petersilie waschen, trocken schütteln, die Blättchen abzupfen und mit in die Pfanne geben. Optional 1–2 Knoblauchzehen schälen und im Ganzen hinzufügen.

2. Alles knusprig braten. Dann mit Fleur de Sel und Pfeffer würzen. Mit Zitronenspalten anrichten und in der Schüssel servieren, so kann sich jeder selbst bedienen.

OKTOPUS SELBST KOCHEN

Lass dir den Oktopus küchenfertig vorbereiten – vor allem, wenn du ihn das erste Mal zubereitest –, das macht dein Fischhändler sicher gerne für dich. Zu Hause den Oktopus in einen Topf mit kaltem Wasser legen und je 8 Gewürznelken und Pimentkörner hinzufügen. 1 Bio-Zitrone heiß waschen, trocken reiben und im Ganzen dazugeben. Das Wasser aufkochen (entgegen aller Kochmärchen habe ich noch nie einen Korken mitgekocht und der Oktopus wird trotzdem immer perfekt) und alles bei mittlerer Hitze vor sich hinblubbern lassen, je nach Größe des Oktopus etwa 40 Minuten, dabei zwischendurch mal anpiksen und prüfen, ob er schon zart ist. Dann den Oktopus aus dem Wasser nehmen, kalt abschrecken, trocken tupfen und in mundgerechte Stücke schneiden.

TIPP
Auch mit Tomaten oder Oliven schmeckt dieser Salat köstlich!

GEBRATENER ROMANASALAT

mit Skyr-Parmesan-Dressing und Croûtons

Hast du schon mal Salat gebraten? Solltest du unbedingt! Zusammen mit den knusprigen Knoblauch Croûtons und dem frischen Dressing eine tolle Kombi, ob mit Huhn oder ohne.

Zutaten für 2 Personen:

Für das Dressing
2 Knoblauchzehen
100 g Skyr
(isländischer Magerquark)
30 g fein geriebener Parmesan
1 TL Limettensaft
Salz, Pfeffer aus der Mühle

Für die Croûtons
2 Scheiben Buchweizen-Dinkel-Brot (s. S. 48)
1 Knoblauchzehe
Salz

Für den Salat
2 Romanasalate
1 EL Olivenöl
Salz, Pfeffer aus der Mühle

Nährwerte pro Person:
235 kcal, 14 g EW, 11 g F, 18 g KH

1. Für das Dressing den Knoblauch schälen und fein reiben. Mit den restlichen Zutaten vermischen und das Dressing abschmecken.

2. Für die Croûtons das Brot rösten oder toasten. Den Knoblauch schälen, halbieren und das Brot mit den Schnittflächen einreiben. Dann das Brot mit 1 Prise Salz würzen und in Würfel schneiden.

3. Für den Salat von den Salatköpfen die äußeren Blätter entfernen. Die Köpfe waschen und trocken schütteln. Dann vierteln, dabei den Strunk nur dünn abschneiden und den Rest dranlassen, (sonst zerfällt der Salatkopf in einzelne Blätter). Das Olivenöl in einer Pfanne erhitzen und die Romanaviertel darin rundum golden anbraten.

4. Den gebratenen Romanasalat aus der Pfanne nehmen und mit dem Dressing sowie den Croûtons anrichten.

TIPP

Wer etwas mehr Hunger hat, kann den Salat mit gegrillten Hähnchenstreifen, gebratenem Tofu oder gekochten Linsen servieren.

SPROSSENSALAT

mit Frühlingszwiebeln und Möhren

Ich liebe den Sprossensalat in japanischen Restaurants! Meine Portion zu Hause ist ein wenig größer und mit Karotten und Frühlingszwiebeln nicht nur ein Happs, sondern eine richtige Vorspeise.

Zutaten für 2 Personen:

Für den Salat
200 g Mungobohnensprossen
3 Frühlingszwiebeln
1 kleine Möhre (50 g)

Für das Dressing
2 EL Sojasauce (ich nehme salzreduzierte) + mehr zum Servieren
2 EL Sesamöl
1 EL Reisessig
½ TL Meersalz
½ TL Zucker

Zum Anrichten
1 EL geröstete Sesamsamen

Nährwerte pro Person:
195 kcal, 6 g EW, 14 g F, 10 g KH

1. Für den Salat die Sprossen abbrausen und abtropfen lassen. Die Frühlingszwiebeln putzen, waschen und in Streifen schneiden. Die Möhren putzen, schälen und in feine Streifen schneiden.

2. Für das Dressing die Zutaten verrühren. Dann über den Salat geben und gut damit vermischen.

3. Zum Anrichten alles mit dem Sesam bestreuen und mit extra Sojasauce servieren.

VARIANTE

Mit gebratenem Fisch oder einer anderen Eiweißkomponente dazu wird dieser Salat auch schnell zur Hauptmahlzeit.

TIPP
1 kleine rote Chilischote
in feine Streifen schneiden
und in den Salat geben,
falls du es schärfer
magst.

DRESSINGS, DIPS UND SAUCEN

Machen ein Gericht erst wirklich komplett!

Viele Gerichte gehen gar nicht ohne und die meisten werden mit um Welten besser. Meistens haben sie es leider nicht nur geschmacklich, sondern auch kalorientechnisch ordentlich in sich – besser also, du machst sie selbst!

MEDITERRANES DRESSING

Das Dressing ist ein Multitalent! Ich gebe es zum Beispiel über Salate, Bowls oder Gemüse.

Die **mediterrane Frischkäsecreme** von Seite 46 verdünnen: entweder mit **Joghurt, Buttermilch oder Wasser und Öl.** Mit **Salz und Pfeffer** nachwürzen.

SCHMAND-JOGHURT-DIP – JEDES MAL ANDERS

Ich liebe diesen einfachen Dip zu allem, egal ob Fisch, Fleisch, Ofengemüse oder Gemüsesticks.

Joghurt mit **Schmand** aufschlagen (Verhältnis 2:1). Mit **Salz und Pfeffer** sowie etwas **Zitronen- oder Limettensaft** würzen. Je nach Hauptgericht etwas **Senf, Orangensaft, Honig, gehackten Koriander, Schnittlauch, Thymian, Majoran oder gerösteten Hanf** untermischen.

AVOCADODIP

Die Avocado bringt bestes gesundes Fett mit und macht die Konsistenz außerdem wunderbar cremig.

1 Avocado halbieren, den Stein entfernen und das Fruchtfleisch pürieren. Den **Saft von 1 Zitrone oder 1 Limette, 100 g fettarmen Joghurt** oder **etwas Buttermilch** untermischen. Zuletzt den Dip mit **Salz und Pfeffer** würzen.

ZITRONEN-WEISSWEIN-SAUCE

Diese schnelle Sauce harmoniert toll mit in der Pfanne gebratenem Fisch oder Geflügel.

Den **Bratensatz** des Hauptgerichts mit **100 ml Weißwein** und **100 ml Fond oder Brühe** ablöschen und einköcheln lassen. Für noch mehr Aroma **1 Stück Bio-Zitronenschale** dazugeben und nach und nach den **Saft von ½–1 Zitrone** unterrühren. Zuletzt die Sauce mit **Salz und Pfeffer** abschmecken.

ORANGEN-SPARGEL-SALAT

mit Orangenschmand

Bei uns im Knoblauchsland (so nennt man das Gemüseanbaugebiet bei Nürnberg) freuen wir uns jedes Jahr auf den ersten Spargelstich. Und dann gibt es die köstlichen Stangen so lange, bis die Saison vorbei ist.

Zutaten für 2 Personen:

500 g grüner Spargel
1 EL Olivenöl
1 große Bio-Orange (ca. 350 g)
1 EL Balsamico bianco
Salz, Pfeffer aus der Mühle
50 g Schmand
einige Blätter Vietnamesischer Koriander (ersatzweise Minze)

Nährwerte pro Person:
235 kcal, 7 g EW, 13 g F, 17 g KH

1. Den Spargel waschen und im unteren Drittel schälen, die holzigen Enden abschneiden und die Stangen dritteln. Das Olivenöl in einer Pfanne erhitzen und den Spargel darin bei mittlerer Hitze etwa 10 Minuten braten, dabei ab und zu wenden.

2. Die Orange heiß waschen, trocken reiben und die Hälfte der Schale abreiben. Dann die Orange so großzügig schälen, dass auch die weiße Haut entfernt wird. Die Filets zwischen den einzelnen Trennhäuten herausschneiden, den austretenden Saft auffangen und den Rest der Orange gut ausdrücken.

3. Den Spargel mit dem Orangensaft und dem Balsamico ablöschen, mit Salz und Pfeffer würzen. Die Pfanne vom Herd nehmen.

4. Den Orangenabrieb mit dem Schmand vermischen.

5. Den Spargel mit den Orangenfilets anrichten und mit einem Klecks Orangenschmand sowie mit Koriander garniert servieren.

TIPP

Das Rezept geht auch mit weißem Spargel, diesen aber ganz schälen. Statt Orangensaft den Spargel mit Himbeeressig oder einem anderen Beerenessig ablöschen, Frucht und Spargel passen nämlich wunderbar zusammen.

KARTOFFELSALAT

Leibgericht neu aufgelegt

Von klein auf gehört Kartoffelsalat zu meinen Lieblingen. In Böhmen muss reichlich Mayonnaise hinein und ich meine das böhmische REICHLICH... Ich habe ihn entschärft und mit Tomaten und Rucola ein bisschen Italien mit reingeschmuggelt!

Zutaten für 2 Portionen als Beilage:

5 kleinere Kartoffeln
½ Salatgurke
2–3 Essiggurken und
2–3 EL Gurkenwasser
1 EL Mayonnaise (fettreduziert)
Salz, Pfeffer aus der Mühle
Balsamico bianco zum
Abschmecken (optional)
250 g Tomaten
½ Bund Rucola (ersatzweise
anderer Blattsalat nach Wahl)
2 Eier (Größe L)

Nährwerte pro Person:
265 kcal, 12 g EW, 9 g F, 31 g KH

1. Die Kartoffeln mit der Schale gründlich waschen, mit dem Messer einstechen und in Salzwasser etwa 20 Minuten weich garen (nicht zerkochen, sonst kann man daraus keine Scheiben mehr schneiden). Die Kartoffeln abgießen, ausdampfen lassen, pellen und in dünne Scheiben schneiden.

2. Die Gurke waschen, nach Belieben schälen, längs halbieren und die Kerne mit einem Löffel entfernen. Dann die Gurke in feine Scheiben schneiden und zu den Kartoffeln geben. Die Essiggurken in feine Scheibchen schneiden und hinzufügen.

3. Alles vorsichtig mit der Mayonnaise vermengen und mit dem Gurkenwasser abschmecken. Mit Salz und Pfeffer würzen und die Kartoffelmischung mindestens 20 Minuten ziehen lassen. Anschließend nachwürzen, optional zusätzlich mit Essig, wer es saurer mag.

4. Die Tomaten waschen und in Würfel schneiden, dabei die Stielansätze entfernen. Den Rucola, waschen, trocken schütteln, grobe Stiele entfernen und den Rucola hacken. Tomaten und Rucola unter die Kartoffelmischung heben.

5. Die Eier hart kochen, kalt abschrecken, pellen und vierteln. Den Kartoffelsalat mit den Vierteln belegt servieren.

TIPP

Einen Slizer verwenden, dann werden die Kartoffelscheiben schön dünn.

VEGETARISCHE UND VEGANE HAUPTGERICHTE

Heute bleibt die Kuh im Dorf.
Hier findest du Leckeres mit
Hülsenfrüchten, Tofu, Tempeh,
Kofu, Seitan und meinen liebsten
vollwertigen Pastavarianten.
Und Pfannkuchen!

PANZANELLA

Italienischer Brotsalat

Der italienische Klassiker bekommt bei uns ein Extra an Eiweiß in Form von Pintobohnen. Achtung: Einweichzeit und Kochzeit einplanen oder gegarte Bohnen aus dem Glas verwenden.

Zutaten für 2 Personen:

100 g Pinto-Bohnen (ersatzweise andere Bohnen)
3 Scheiben Buchweizen-Dinkel-Brot (s. S. 48)
300 g Tomaten
100 g rote Zwiebeln
3 Knoblauchzehen
4 EL Aceto balsamico
2 EL Olivenöl
Salz, Pfeffer aus der Mühle
Basilikumblätter zum Garnieren (optional)

Nährwerte pro Person:
470 kcal, 17 g EW, 13 g F, 63 g KH

1. Die Bohnen nach Packungsanweisung einweichen und kochen. Dann abgießen und abkühlen lassen.

2. Das Brot toasten oder im Ofen rösten und in große Würfel schneiden, dann beiseitestellen.

3. Die Tomaten waschen, in große Würfel schneiden, dabei die Stielansätze entfernen, und in eine große Schüssel geben. Die Zwiebeln schälen, halbieren, hobeln und dazugeben. Den Knoblauch schälen, in feine Würfel schneiden und ebenfalls dazugeben.

4. Die Brotwürfel kurz in kaltes Wasser tauchen und unter die vorbereiteten Zutaten geben.

5. Alles mit dem Essig und dem Öl vermischen. Zuletzt mit Salz und Pfeffer würzen.

6. Den italienischen Brotsalat optional mit Basilikum garnieren und servieren.

VEGGIE-BURGER

mit gegrilltem Gemüse und Zucchini-Patty

Diese Patties sind auch solo super. Statt Burger kannst du sie zum Beispiel mit Kartoffelstampf und Salat servieren oder einfach mit ins Büro nehmen, denn sie schmecken auch kalt!

Zutaten für 2 Personen:

Für die Patties
100 g rote Zwiebeln
2 Knoblauchzehen
2 TL Öl
1 Zucchini (300 g)
1 TL Fleur de Sel (4 g)
1 Ei (Größe M)
50 g Vollkorndinkelflocken
Pfeffer aus der Mühle

Für die Burger
4 Portobello-Pilze (Riesenchampignons)
150 g Aubergine
1 rote Paprikaschote (150 g)
evtl. Öl zum Anrösten
4 Frühlingszwiebeln

Zum Anrichten (optional)
Salatblätter
Mayonnaise
Ketchup
weiterer Belag nach Wahl

Nährwerte pro Person:
300 kcal, 17 g EW, 9 g F, 31 g KH

1. Für die Patties die Zwiebeln und den Knoblauch schälen, die Zwiebeln fein hacken und den Knoblauch reiben. 1 TL Öl erhitzen und beides darin anbraten.

2. Die Zucchini putzen, waschen, grob reiben und mit dem Salz vermischen. In ein Sieb geben und 20 Minuten ziehen lassen. Anschließend sehr gründlich ausdrücken und mit dem Ei, den Dinkelflocken und dem Zwiebel-Knoblauch-Mix vermischen. Zuletzt mit Pfeffer würzen und 20 Minuten ruhen lassen (die Dinkelflocken quellen und binden die Masse).

3. Anschließend aus der Masse 2 Patties formen und diese im restlichen Öl bei mittlerer Hitze langsam golden anbraten, auf jeder Seite etwa 8 Minuten.

4. Für die Burger das Gemüse putzen und waschen. Die Pilze putzen und, falls nötig, trocken abreiben. Die Aubergine in Scheiben, die Paprikaschote in Viertel schneiden. Das Gemüse grillen oder in einer Grillpfanne in wenig Öl anbraten. Die Frühlingszwiebeln in Ringe schneiden.

5. Dann den Burger aus den Zutaten und optional mit weiteren wie Salat, Mayonnaise, Ketchup oder Ähnlichem zusammensetzen und servieren.

TEMPEHSPIESSE

mit Zucchini und Paprika

Dazu passt sehr gut eine Ofenkartoffel! Den marinierten Tempeh kannst du auch pur braten und als eiweißreiches Extra in einem Salat oder einer Bowl essen. Tempeh gibt es auch fertig mariniert in vielen Geschmacksrichtungen.

Zutaten für 2 Personen:

1 Stängel Zitronengras
1 Knoblauchzehe
1 kleine rote Chilischote
2 EL Sojasauce
1 EL Erdnussöl
(ersatzweise neutrales Öl)
200 g Tempeh natur
200 g rote Paprikaschote
150 g Zucchini
Sojasauce zum Dippen
(ersatzweise Sweet-Chili-Sauce oder andere Asia-Sauce nach Wahl)

Nährwerte pro Person:
270 kcal, 23 g EW, 14 g F, 7 g KH

1. Das Zitronengras putzen und vierteln. Mit einem Fleischklopfer oder einem schweren Topf fest daraufklopfen, um die Fasern zu öffnen (so gibt es mehr Aroma). Den Knoblauch schälen und reiben. Die Chilischote waschen und in Ringe schneiden. Alles mit der Sojasauce und dem Öl vermischen.

2. Den Tempeh in Würfel schneiden und in der Ölmischung mindestens 1 Stunde marinieren.

3. Die Paprikaschote längs halbieren, entkernen und waschen. Die Zucchini putzen und waschen. Beides in mundgerechte Stücke schneiden.

4. Dann das Gemüse abwechselnd mit dem marinierten Tempeh auf Spieße stecken und auf dem Grill oder in einer Grillpfanne knusprig grillen oder anbraten.

5. Die Spieße mit Sojasauce zum Dippen servieren.

ONE-POT-VOLLKORNRIGATONI

mit Ziegenfrischkäse und Rucola

Alles aus einem Topf, ohne Stress und so lecker und cremig! Dieses superschnelle Pastagericht ist für mich ein echtes Seelenfutter, das auch noch ewig satt hält und nach Sommer schmeckt.

Zutaten für 2 Personen:

2 Schalotten (50 g)
2 Knoblauchzehen
1 TL Olivenöl
1 EL Tomatenmark (20 g)
1 TL Zucker
1 Dose stückige Tomaten (à 400 g)
200 g Vollkornrigatoni
150 g Ziegenfrischkäse (45 % Fett)
½ TL Meersalz
75 g Rucola
1 große, reife Tomate
Salz, Pfeffer aus der Mühle

Nährwerte pro Person:
665 kcal, 30 g EW, 22 g F, 79 g KH

1. Die Schalotten und den Knoblauch schälen und in feine Würfel schneiden. Das Olivenöl erhitzen und beides darin anbraten. Das Tomatenmark und den Zucker dazugeben und mitrösten.

2. Die stückigen Tomaten hinzufügen, dann die Nudeln und den Ziegenfrischkäse unterrühren. Mit ½ l kochenden Wasser aufgießen, gut umrühren, mit dem Meersalz würzen und etwa 12 Minuten köcheln lassen, bis die Pasta al dente und die Sauce sämig ist.

3. In der Zwischenzeit den Rucola verlesen, waschen und trocken schleudern, grobe Stiele entfernen. Die Tomate waschen und in Würfel schneiden, dabei die Stielansätze entfernen.

4. Den Rucola in die fertige Pasta rühren und alles mit Salz und Pfeffer abschmecken. Die One-Pot-Rigatoni mit den Tomatenwürfeln anrichten und servieren.

ZITRONENPASTA

Ab in den Süden

Die klassische Pasta al Limone ist ein echtes Blitzrezept und schmeckt wie ein kleiner Trip nach Italien! Ich esse zu meiner kleinen (!) Portion gemäß meinem Loaded-Pasta-Motto einen großen Salat oder frische Tomaten.

Zutaten für 2 Personen:

150 g Vollkornspaghetti
Salz
1 Bio-Zitrone
50 g Parmesan (am Stück)
50 ml Olivenöl
1 gestrichener TL Fleur de Sel (3 g)
Pfeffer aus der Mühle
1 Handvoll klein geschnittenes Basilikum (optional)

Nährwerte pro Person:
590 kcal, 18 g EW, 35 g F, 46 g KH

1. Die Spaghetti in reichlich kochendem Salzwasser nach Packungsanweisung bissfest garen. Anschließend in ein Sieb abgießen, dabei das Nudelwasser auffangen und beiseitestellen.

2. Die Zitrone heiß waschen, trocken reiben, die Schale abreiben und den Saft auspressen. Den Parmesan reiben. 50 ml Zitronensaft, ¾ des Abriebs, ¾ des Parmesans, Olivenöl und Fleur de Sel zu einer Sauce vermischen.

3. Die Nudeln mit der Sauce vermengen, dabei etwas Nudelwasser dazugeben. Die Pasta mit Pfeffer würzen, auf zwei Teller verteilen und mit dem restlichen Parmesan und Zitronenabrieb bestreuen. Optional das Basilikum unterheben.

VARIANTEN

Räucherlachs-Tomaten-Pasta: **150 g Vollkornnudeln** in kochendem **Salzwasser** nach Packungsanweisung bissfest garen. Dann in ein Sieb abgießen, dabei das Nudelwasser auffangen. **500 g Tomaten** waschen und in daumengroße Würfel schneiden, dabei die Stielansätze entfernen.
1 Knoblauchzehe schälen und reiben. **100 g Räucherlachs** zerzupfen. In einer Pfanne **1 TL Olivenöl** erhitzen und Knoblauch mit Tomaten darin kurz anbraten. Mit ca. 100 ml Nudelwasser ablöschen und einköcheln lassen, bis die Sauce die gewünschte Konsistenz hat. Lachs und Nudeln gut unterrühren. Die Pasta mit **Pfeffer aus der Mühle** würzen und mit je **½ Bio-Zitrone oder -Limette** anrichten.

TIPP

Etwas Fisch, Fleisch oder Gambas dazu machen noch länger satt und liefern gesundes Eiweiß.

MINESTRONE-BAUKASTEN

In eine Minestrone gehört Gemüse!

Zwiebeln und Knoblauch anbraten, alles an Grünzeug hinzufügen, was dir schmeckt oder wegmuss, anbraten und mit Brühe ablöschen. Gesunde Kohlenhydrate (s. S. 19) dazu, damit du satt wirst. Gar kochen, toppen und servieren.

ZUTATEN-BASIS

Schalotten oder Zwiebeln
Olivenöl
Gemüsebrühe

FÜR DIE GEMÜSEEINLAGE
(nach Wahl)

Möhren
Lauch
Knollensellerie
Staudensellerie
Fenchelknolle
Petersilienwurzel
Spargel
Spinat
Mangold
Blumenkohl
Zucchini
Tomaten
Bohnen
Edamame
Erbsen

FÜR DAS TOPPING
(nach Wahl)

frische Kräuter
geröstete große Brotwürfel
(ersatzweise Brösel)
Parmesan*

*Parmesan macht alles noch besser! Und die Parmesanrinde auf jeden Fall nicht wegwerfen, sondern mitkochen, das schmeckt richtig gut!

FÜR DIE KOHLENHYDRATEINLAGE
(nach Wahl)

Kartoffeln
Linsen
Bohnen
Vollkornreis
Vollkornnudeln
Nudeln aus Hülsenfrüchten

GEMÜSE-PILZ-PFANNE

mit Soba-Nudeln

In meiner Pilzpfanne verwende ich frischen Majoran, ein in Franken wie in meiner Heimat Tschechien beliebtes Kraut, das im Topf auf der Fensterbank sehr gut gedeiht. Magst du es nicht, nimm Thymianblättchen!

Zutaten für 2 Personen:

150 g Soba-Nudeln
300 g gemischte Pilze (z. B. Egerlinge, Pfifferlinge, Austernpilze)
1 kleine Zwiebel (ca. 50 g; ersatzweise 1 Schalotte)
1 Bund Frühlingszwiebeln
2 Zweige frischer Majoran
3 TL ÖL zum Anbraten
Salz, Pfeffer aus der Mühle
2 Eier (Größe L)
2 EL Schmand (optional)

Nährwerte pro Person:
325 kcal, 19 g EW, 16 g F, 23 g KH

1. Die Soba-Nudeln nach Packungsanweisung garen und abgießen, dabei 1 bis 2 Schöpfkellen vom heißen Nudelwasser auffangen und warm halten.

2. Die Pilze putzen, falls nötig, trocken abreiben und in dickere Scheiben schneiden. Die Zwiebel schälen und in feine Würfel schneiden. Die Frühlingszwiebeln putzen, waschen und in größere Stücke schneiden. Den Majoran waschen, trocken schütteln, die Blättchen abzupfen, einige zum Anrichten beiseitestellen und den Rest grob hacken.

3. In einer Pfanne 1 TL Öl erhitzen und die Zwiebel darin kurz anbraten. Dann die Pilze dazugeben und bei mittlerer Hitze 5 Minuten braten, dabei immer wieder umrühren. Mit dem beiseitegestellten heißen Nudelwasser ablöschen und kurz einkochen. Zuletzt die Sauce mit Salz und Pfeffer würzen und den Majoran unterrühren.

4. Die Frühlingszwiebeln in 1 TL Öl In einer zweiten Pfanne knackig anbraten. Dann mit Salz und Pfeffer würzen, aus der Pfanne nehmen und beiseitestellen.

5. Im restlichen Öl in derselben Pfanne 2 Spiegeleier braten.

6. Die Nudeln mit der Pilzsauce und den Frühlingszwiebeln anrichten. Jeweils 1 Spiegelei daraufsetzen, mit Salz und Pfeffer würzen, alles mit den beiseitegestellten Majoranblättchen bestreuen und optional mit Schmand servieren.

LINSENGALETTES

mit griechischem Salat

Pfannkuchen, die auch noch voller Eiweiß stecken und lange sättigen? Bitte schön, hier sind sie! Die Linsengalettes kannst du nach Belieben füllen, sie als Suppeneinlage für eine Flädlesuppe verwenden oder einfach pur genießen.

Zutaten für 2 Personen (ergibt 4 Stück):

Für die Galettes
100 g rote Linsen
1 TL neutrales Öl
1 TL Meersalz
½ TL Kurkumapulver (ersatzweise Currypulver)
Öl zum Backen

Für den Salat
50 g Rucola (ersatzweise anderer grüner Salat)
2 TL Öl
1 TL Weißweinessig
4 Tomaten
1 Salatgurke
125 g Feta (Schafskäse; ersatzweise Hirtenkäse)
Salz, Pfeffer aus der Mühle

Nährwerte pro Person:
555 kcal, 27 g EW, 32 g F, 35 g KH

1. Für die Galettes die Linsen fein mahlen, mit 200 ml Wasser, 1 TL Öl, dem Salz und dem Kurkumapulver vermischen und 20 Minuten quellen lassen. Anschließend im Mixer so lange pürieren, bis ein glatter und homogener Teig entsteht.

2. Eine beschichtete Pfanne mit Öl auspinseln. Aus dem Teig bei mittlerer Hitze 4 Galettes ausbacken, dabei die Galettes auf jeder Seite etwa 1 bis 2 Minuten braten.

3. Für den Salat den Rucola verlesen, waschen, trocken schütteln und mit dem Öl und dem Essig gründlich vermischen.

4. Die Tomaten waschen und in mundgerechte Stücke schneiden, dabei die Stielansätze entfernen. Die Gurke waschen und ebenfalls in mundgerechte Stücke schneiden. Den Feta zerbröseln.

5. Den Rucolasalat, die Tomaten und die Gurke auf Teller verteilen und mit dem Feta bestreuen. Mit Salz und Pfeffer würzen. Galettes ein oder zwei Mal in der Mitte falten und dazu legen.

SPINATCRÊPES

Liebe auf den zweiten Biss

Als Kind war er mein größter Feind, heute liebe ich ihn: Spinat, vor allem jung und zart, ist aus meiner Küche nicht mehr wegzudenken. Die kleinen Crêpes sind schnell gemacht und pur oder gefüllt ein Schmaus.

Zutaten für 2 Personen (ergibt 8 Stück):

80 g Babyspinat
1 Knoblauchzehe
2 Eier (Größe L)
½ TL Meersalz,
Pfeffer aus der Mühle
60 g Vollkorndinkelmehl
1 TL Weinsteinbackpulver (5 g)
100 ml Milch
Öl zum Ausbacken

Nährwerte pro Person:
285 kcal, 14 g EW, 14 g F, 25 g KH

1. Den Spinat verlesen, waschen, trocken schleudern und grobe Stiele entfernen. Dann grob hacken. Den Knoblauch schälen und fein reiben.

2. Alle Zutaten außer dem Spinat gut vermischen und 10 Minuten quellen lassen. Anschließend den Spinat unterheben.

3. Eine Pfanne jeweils mit sehr wenig Öl einpinseln oder einsprühen. Darin bei mittlerer Hitze nacheinander 8 Crêpes ausbacken und servieren.

TIPP

Die Crêpes kannst du nach Belieben füllen! Sie schmecken toll, wenn man sie mit ein wenig Frischkäse bestreicht, mit Räucherlachs belegt und aufrollt. Und sie sind auch eine leckere Suppeneinlage!

VARIANTE

Statt Spinat kannst du auch Bärlauch in den Teig geben.

EMMER-HAFERFLOCKEN-WAFFELN

mit Hack, Whipped Feta und Zwiebeln

Seit ich im Bioladen Emmerbrot kaufe, liebe ich dieses Urgetreide. Hanfsamen geben den Waffeln neben einer Extraportion Eiweiß auch einen feinen, nussigen Geschmack.

Zutaten für 2 Personen:

Für die Waffeln

30 g zerlassene Butter
60 g Vollkornemmermehl
50 g fein gemahlene Haferflocken
10 g Hanfsamen
2 Eier (Größe L)
50 ml Milch
½ TL Fleur de Sel
Pfeffer aus der Mühle
1 TL Weinsteinbackpulver (5 g)

Für das Topping

1 TL Öl
200 g Rinderhackfleisch
½ TL edelsüßes Paprikapulver
½ TL Kardamompulver
Pfeffer aus der Mühle
⅓ TL Fleur de Sel
1 EL Tomatenmark
1–2 EL Whipped Feta (s. S. 40)
1–2 EL gepickelte Zwiebeln (s. S. 41)

Nährwerte pro Person: 690 kcal, 37 g EW, 42 g F, 39 g KH

1. Für die Waffeln alle Zutaten im Mixer zu einem Teig vermengen. Aus dem Teig in einem Waffeleisen mit Einsatz für belgische Waffeln in je etwa 2 ½ Minuten 4 Waffeln backen und diese dann beiseitestellen.

2. Für das Topping das Öl erhitzen und das Hackfleisch darin bei starker Hitze anbraten, bis es krümelig wird und anfängt zu bräunen. Paprika-, Kardamompulver, Pfeffer und Fleur de Sel dazugeben und gut unterrühren. Zuletzt das Tomatenmark einrühren. Das Fleisch weiterbraten, bis es sehr knusprig ist.

3. Die Waffeln jeweils zuerst mit Whipped Feta, dann mit Hack und zum Schluss mit den gepickelten Zwiebeln toppen und servieren.

TIPP

Das Hackfleisch kannst du in einer größeren Menge zubereiten und einfrieren. Zusammen mit dem Sugo von Seite 54 wird es zu einer aromatischen Nudelsauce!

SCHLANKE BEILAGEN

Gemüse in seiner schönsten Form!

Gerade bei Gemüse lohnt es sich zu experimentieren, vor allem wenn man es jeden Tag isst. Die meisten Vitamine stecken übrigens in saisonalem Gemüse aus deiner Region. Stöbere doch mal auf dem Wochenmarkt!

KOHLRABISTIFTE AUS DEM OFEN

Passt prima zu Fleisch oder Fisch, in Salaten oder als gesunder Snack.

Ofen auf 190 °C (Umluft) vorheizen, ein Blech mit Backpapier auslegen. **600 g Kohlrabi** putzen, schälen, in dicker Scheiben und dann in Stifte schneiden. Mit **2 TL Öl** sowie **Salz und Pfeffer** mischen. Stifte mit Abstand auf dem Blech verteilen und im Ofen auf der mittleren Schiene 30 Minuten garen.

Nährwerte pro Person:
100 kcal, 4 g EW, 5 g F, 7 g KH

HASSELBACKS: SCHNITTIGE SCHWEDEN

Eigentlich eine schwedische Zubereitungsart für Kartoffeln, aber geht auch mit anderem Gemüse und passt zu allem: Fisch, Fleisch, Geflügel – oder als eigene vegetarische Mahlzeit!

Gemüse (Kartoffel, Süßkartoffel, Zucchini, Kürbis oder Aubergine) putzen, waschen, ggf. schälen und fächerartig einschneiden, dabei nicht ganz durchschneiden. Das Gemüse, auch in den Vertiefungen, mit zerlassener **Kräuterbutter** oder **aromatisiertem Öl** einpinseln und im Ofen bei 180 °C (Ober- und Unterhitze) backen, bis es gar ist.

Nährwerte pro Person (bei 1 Süßkartoffel (250 g) mit 2 TL zerlassener Kräuterbutter): 180 kcal, 2 g EW, 4 g F, 30 g KH

Nährwerte pro Person (bei 1 Zucchini (200 g) mit 2 TL zerlassener Kräuterbutter): 35 kcal, 2 g EW, 2 g F, 2 g KH

MÖHREN-TAGLIATELLE

Schmeckt herrlich zu Gebratenem und Geschmortem, in Bowls oder Salaten.

600 g Möhren putzen, schälen, mit dem Sparschäler in Tagliatelle schneiden. Entweder einige Minuten dämpfen oder in kochendem Salzwasser 1 Minute bissfest garen. Abgießen und mit **2 TL Öl** sowie **Salz und Pfeffer** mischen. Optional **1 Klecks Schmand** und etwas **gehackte Petersilie** unterheben.

Nährwerte pro Person:
180 kcal, 2 g EW, 9 g F, 17 g KH

NOCH MEHR SCHLANKE BEILAGEN

Für beste Nebendarsteller

Weitere Ideen, damit dir nie langweilig wird! Diese gesunden Begleiter für deine Hauptgerichte sind schnell gemacht und sorgen für leckere Balance und bunte Abwechslung auf deinem Teller.

SMASHED-POTATO-WAFFELN

Super einfach und eine perfekte Resteverwertung von in Schale gekochten Kartoffeln.

Pro Person **2 mittelgroße Kartoffeln** mit der Schale gründlich waschen und etwa 20 Minuten weich garen. Dann abgießen und ausdampfen lassen. Das Waffeleisen vorheizen und mit **etwas mildem Rapsöl** einfetten. Die Kartoffeln mit der Schale in das Waffeleisen geben, mit dem Deckel des Waffeleisens platt drücken und knusprig backen, dabei immer wieder einfetten.

Nährwerte pro Person:
200 kcal, 3 g EW, 5 g F, 31 g KH

VOLLKORNREIS-RISI-BISI

Vollkornreis macht satt und lässt sich jedes Mal neu variieren, zum Beispiel als Risi-Bisi. Dieses bringt dazu noch jede Menge Sattmacher-Gemüse mit!

100 g Vollkornreis nach Packungsanweisung bissfest garen. **300 g Möhren** putzen, schälen, in Scheiben oder Stifte schneiden und mit **175 g jungen TK-Erbsen** in Salzwasser knackig garen. Dann das Gemüse unter den Reis heben. Das Risi-Bisi mit **Salz und Pfeffer** abschmecken. Wer es cremiger mag: optional **1 EL Schmand oder Frischkäse** untermischen.

Nährwerte pro Person:
310 kcal, 11 g EW, 2 g F, 57 g KH

SÜSSLUPINEN IN RAHMSAUCE

Süßlupinen gibt es mittlerweile, meist als Bioware, eingelegt aus dem Glas. Sie schmecken super im Salat, als Stampf oder als proteinreiches und kohlenhydratarmes Rahmgemüse – perfekt mit Dill und pochierten Eiern!

1 Schalotte schälen, fein würfeln und in **1 TL Öl** anbraten. **1 Glas Süßlupinen (190 g Abtropfgewicht)** in einem Sieb abbrausen, abtropfen lassen und dazugeben. **50 g Sahne (ersatzweise fettreduziert)** hinzufügen und einköcheln lassen. Mit **Salz und Pfeffer** würzen und etwas gehackte **Kräuter (z. B. Schnittlauch, Petersilie, Dill)** untermischen.

Nährwerte pro Person:
195 kcal, 10 g EW, 13 g F, 7 g KH

HAUPTGERICHTE MIT FLEISCH

Willst du was gelten, mach dich selten! Fleisch gibt es bei mir meist nur am Wochenende, dafür leiste ich mir dann ein richtig gutes Stück, bei dem ich genau weiß, woher es kommt.

LAAB

Asiatischer Hähnchensalat

Meine Nr. 1 aus Asien! Ich habe das Rezept so vereinfacht, dass du es mit Zutaten aus dem Supermarkt nachmachen kannst, ohne den üblichen Klebreis und Zitronenblätter. Ich esse das Laab gern auf grünem Salat oder Romanasalat.

Zutaten für 2 Personen:

350 g Hähnchenbrustfilet und -keule
40 ml Fischsauce
2 TL Zucker (10 g)
Salz
Saft von ½ Bio-Zitrone
Saft und Abrieb von 1 Bio-Limette
100 g rote Zwiebeln
½ Bund Frühlingszwiebeln
1 großes Bund Koriander (30 g)
1 kleine rote Chilischote

Zum Anrichten (optional)
Blattsalat nach Wahl

Nährwerte pro Person:
275 kcal, 45 g EW, 3 g F, 14 g KH

1. Die Haut des Hähnchens entfernen, die Knochen aus der Keule schneiden und das Fleisch in sehr kleine – ähnlich wie bei Tatar – Würfel schneiden. Das Fleisch in 50 ml kochendem Wasser in einer Pfanne 1 bis 2 Minuten garen, dann in ein Sieb abgießen und beiseitestellen.

2. Die Fischsauce, den Zucker, 2 Prisen Salz, den Zitronen- und Limettensaft und den Abrieb in einer Schüssel vermischen.

3. Die Zwiebeln schälen, halbieren und in feine Streifen schneiden. Die Frühlingszwiebeln putzen, waschen und in Streifen schneiden. Den Koriander waschen, trocken schütteln, die Blättchen abzupfen und grob hacken. Die Chilischote waschen und in feine Streifen schneiden. Alles mit dem beiseitegestellten Hähnchenfleisch in die Schüssel geben und vermischen.

4. Das Laab noch mal abschmecken und entweder pur oder optional auf Blattsalat anrichten.

TIPP

Ich verwende gerne einen Mix aus Brust und Keule. Du kannst aber auch nur Hähnchenbrust nehmen, wenn du keine Lust hast, die Keule zu entbeinen.

MADRAS-CURRY-CHICKEN

mit geröstetem Blumenkohl und Labneh

Hast du Currypaste schon mal als eine Art Marinade verwendet? Seit ich die Hähnchen damit würze, bin ich überzeugt, und auch meine Familie wünscht sich dieses Gericht jetzt immer wieder.

Zutaten für 2 Personen:

2 Hähnchenkeulen
40 g Madras-Curry-Paste (2 EL)
500 g Blumenkohl
2 Knoblauchzehen
1 EL neutrales Öl
1 EL Sesamöl
½ TL Chilisalz
½ TL Paprikapulver
1 Bio-Zitrone
4 EL Labneh (s. S. 42)
2 Handvoll grob gehackte glatte Petersilie

Nährwerte pro Person:
485 kcal, 38,7 g EW, 32 g F, 10 g KH

1. Die Hähnchenkeulen waschen, trocken tupfen, im Gelenk teilen und mit der Currypaste rundum einreiben. In einem Gefrierbeutel oder einer verschließbaren Dose mindestens 4 Stunden, am besten aber über Nacht marinieren.

2. Die Keulen am nächsten Tag mindestens 1 Stunde vor dem Garen aus dem Kühlschrank nehmen und abtupfen.

3. Den Blumenkohl putzen, waschen und in kleine Röschen teilen.

4. Den Backofen auf 200 °C (Umluft) vorheizen, ein Backblech mit Backpapier auslegen und eine Auflaufform bereitstellen. Das Hähnchen in die Auflaufform legen und im Ofen auf der zweiten Schiene von unten insgesamt 30 Minuten golden braten; zunächst 10 Minuten (nach 10 Minuten kommt der Blumenkohl in den Ofen dazu), danach noch weitere 20 Minuten.

5. Den Knoblauch schälen und fein hacken. Mit den Ölen und den Gewürzen vermischen, die Marinade in eine große Schüssel geben und den Blumenkohl darin wenden.

6. Nach 10 Minuten den Blumenkohl zu den Hähnchenkeulen auf das Backblech legen und alles im Ofen weitere 20 Minuten golden braten.

7. Die Zitrone waschen und in Spalten schneiden. Das Chicken und den Blumenkohl mit dem Labneh, den Zitronenspalten und der Petersilie anrichten.

TIPP
Das marinierte Hähnchen kann man auch perfekt grillen!

TAGLIATA VOM RINDERFILET

mit geschmolzenen Tomaten

Mein Lieblingsessen beim Italiener! Wir „schneiden" (italienisch „tagliare") das kurz gebratene Filet in Tranchen. Prima, wenn man seinen Fleischkonsum niedrig halten möchte: Geschnitten sieht das Fleisch nach mehr aus als am Stück!

Zutaten für 2 Personen:

300 g Rinderfilet
(1 Stunde vorher aus dem Kühlschrank nehmen)
200 g Kartoffeln
3 TL Olivenöl
Salz, Pfeffer aus der Mühle
frisch geriebene Muskatnuss
2 Schalotten
3 Knoblauchzehen
100 g junger Spinat
(ersatzweise TK-Blattspinat)
10 Cocktailtomaten
1 Zweig Thymian
1 Zweig Rosmarin
1 TL Butter

Zum Anrichten
Fleur de Sel
Pfeffer aus der Mühle
gehobelter Parmesan (optional)

Nährwerte pro Person:
375 kcal, 36 g EW, 16 g F, 18 g KH

1. Den Backofen auf 150 °C (Ober- und Unterhitze) vorheizen. Die Kartoffeln mit Schale weich garen, pellen und grob zerdrücken. Mit 2 TL Olivenöl, Salz, Pfeffer und Muskatnuss würzen und im Ofen warm stellen.

2. Die Schalotten und 2 Knoblauchzehen schälen. Die Schalotte in feine Würfel schneiden, den Knoblauch reiben. Den Spinat verlesen, waschen und grobe Stiele entfernen. Das Olivenöl in einer Pfanne erhitzen und die Schalotten darin kurz anbraten. Den Spinat dazugeben und, sobald er zusammengefallen ist, auch den Knoblauch. Mit Salz, Pfeffer und Muskatnuss würzen. Im Ofen warm stellen.

3. Das Rinderfilet mit Salz und Pfeffer würzen. In 1 TL Öl rundum 4 Minuten kräftig anbraten. Auf einen Gitterrost geben, ein Fleischthermometer in das Filet stecken und im Ofen garen.

4. Die Tomaten waschen und in der gleichen Pfanne bei starker Hitze anbraten, bis sie schmelzen. Mit Salz sowie Pfeffer würzen und auf den Spinat in den Ofen geben.

5. Die Kräuter waschen und trocken tupfen. Die Pfanne auswischen und die Butter darin zerlassen. Den restlichen Knoblauch andrücken. Mit dem Thymian und dem Rosmarin in die Pfanne geben. Sobald das Filet 56 °C hat, aus dem Ofen nehmen und in der Pfanne mit den Kräutern schwenken, bis die Kerntemperatur 58 °C beträgt.

6. Das Fleisch in Scheiben schneiden, mit Fleur de Sel und Pfeffer würzen. Mit Gemüse und Parmesan (optional) anrichten.

TIPP

Unbedingt mit einem Fleischthermometer arbeiten. Die Kerntemperatur sollte beim Anrichten 58° C betragen, dann ist das Filet medium.

BŒUF STROGANOFF

Probier's mal mit Lammlachs!

Bœuf Stroganoff esse ich einfach wanshinnig gern, dieses Mal zur Abwechslung mit Lamm statt klassisch mit Rinderfilet. Und ich verwende Waldpilzfond, weil er kräftig ist und perfekt zu den Champignons passt.

Zutaten für 2 Personen:

250 g Lammlachs
200 g Egerlinge (braune Champignons)
3 Schalotten (70 g)
2 kleine Essiggurken (50 g)
1 EL ÖL zum Anbraten
1 TL Tomatenmark
100 ml trockener Weißwein
300 ml Waldpilzfond
50 g Schmand
1 TL Senf
50 g Sauerrahm
Salz, Pfeffer aus der Mühle

Zum Anrichten (optional)
frische Petersilie
Schmand

Dazu passt
Zucchini-Kartoffel-Püree (s. S. 111) oder Kichererbsen-Nudeln

Nährwerte pro Person:
415 kcal, 31 g EW, 24 g F, 7 g KH

1. Das Fleisch in fingerdicke Scheiben schneiden. Die Pilze putzen, falls nötig, trocken abreiben und vierteln. Die Schalotten schälen und fein hacken. Die Essiggurken in Streifen schneiden.

2. Das Öl erhitzen und das Fleisch darin rundum bei starker Hitze anbraten, dann sofort aus der Pfanne nehmen und beiseitestellen.

3. Die Pilze und die Zwiebeln in die Pfanne geben und darin mit dem Tomatenmark golden anbraten bzw. rösten. Mit dem Wein und dem Fond ablöschen und kurz einkochen lassen. Den Schmand, den Senf und den Sauerrahm dazugeben und alles gut verrühren. Dann das Fleisch und die Gurkenscheiben unterrühren und die Mischung noch mal erwärmen. Zuletzt mit Salz und Pfeffer kräftig abschmecken.

4. Das Bœuf Stroganoff optional mit Petersilie oder einem Klecks Schmand anrichten und servieren.

TIPP

Lammlachs ist ein ausgelöstetes Stück aus dem Rücken des Lamms. Wer mag, kann dieses Gericht natürlich auch wie im Original mit Rinderfilet statt Lamm zubereiten.

LAMMFILET

mit Rotwein-Balsamico-Zwiebeln

Zartrosa gebratenes Lammfilet, dazu die aromatischen eingekochten Zwiebeln und ein deftiges Püree – für mich DER perfekte Teller! In meiner Familie ist das ein klassisches Sonntagsessen, auch wenn Freunde zu Besuch kommen.

Zutaten für 2 Personen:

Für die Zwiebeln
150 g Schalotten (geschält gewogen)
1 EL Olivenöl
1 EL Kokosblütenzucker (ersatzweise brauner Zucker)
200 ml trockener Rotwein
25 ml Aceto balsamico
1 kleiner Zweig Rosmarin
Salz, Pfeffer aus der Mühle

Für das Lamm
350 g Lammfilet
Salz, Pfeffer aus der Mühle
1 Knoblauchzehe
1 TL Öl zum Braten
je 1 Zweig Thymian und Rosmarin + einige Thymianblättchen zum Garnieren

Das passt dazu
Zucchini-Kartoffel-Püree (s. S. 111)

Nährwerte pro Person:
425 kcal, 36 g E, 17 g F, 15 g KH

1. Für die Rotwein-Balsamico-Zwiebeln die Schalotten schälen und längs vierteln. Das Olivenöl in einem kleinen Topf erhitzen und die Schalotten darin rundum 2 bis 3 Minuten hell anbraten. Den Kokosblütenzucker dazugeben und alles 5 Minuten karamellisieren. Mit dem Wein und dem Balsamico ablöschen, den gewaschenen und trocken getupften Rosmarin hinzufügen und den Sud bei schwacher Hitze 30 Minuten einköcheln lassen, bis er sirupartig ist. Mit Salz und Pfeffer abschmecken.

2. Für das Lamm die Filets 1 Stunde vor dem Zubereiten aus dem Kühlschrank nehmen. Vor dem Braten von der Silberhaut befreien, mit Salz und Pfeffer würzen. Den Knoblauch schälen und halbieren. Das Öl in einer Pfanne erhitzen und die Filets darin rundum bei starker Hitze anbraten. Den Knoblauch und die gewaschenen und trocken getupften Thymian- und Rosmarinzweige dazugeben und die Filets etwa 3 Minuten weiterbraten, sie sollen noch rosa sein.

3. Die Lammfilets optional mit dem Zucchini-Kartoffel-Püree und den Rotwein-Balsamico-Zwiebeln anrichten, Pfeffer darübermahlen und mit Thymianblättchen bestreut servieren.

TIPP

Die Rotwein-Balsamico-Zwiebeln schmecken am besten, wenn sie 1 Nacht durchziehen können! Ich bereite immer gleich die doppelte Menge zu und bewahre sie in einem verschlossenen Glas im Kühlschrank auf. Die Zwiebeln passen wunderbar zu allen Arten von Fleisch und Geflügel, aber auch zu Käse oder auf ein Grazing Board.

TIPP

Sollte die Sauce der Zwiebeln zu dickflüssig sein, kannst du sie jederzeit mit etwas Balsamico verdünnen. Ich mache es gerne, um den Zwiebeln mehr Frische zu geben!

PÜREES

Mein persönliches Wohlfühlessen

Pürees und ich, das ist eine Liebe fürs Leben. Wenn es mir schlecht geht, esse ich keine Schokolade, sondern Kartoffelbrei. Wenn du jetzt denkst, Kartoffelbrei ist öde, dann lass dich gerne inspirieren. Denn da geht noch mehr!

SÜSSKARTOFFEL-BALSAMICO-PÜREE

Ich liebe dieses Püree zu Fischfilet (knuspriger Zander ist ein Traum!) genauso wie zu Geflügel. Es passt aber auch gut zu kurz gebratenem Fleisch oder knackigem Ofengemüse.

Den Ofen auf 200 °C (Umluft) vorheizen. **400 g Süßkartoffeln** mit der Schale waschen, rundum mit einer Gabel einstechen und im Ofen auf der mittleren Schiene 45 Minuten garen. Anschließend pellen und mit **30 g Rotwein-Balsamico-Zwiebeln** (siehe Seite 108) mixen. Mit **1 TL Balsamico bianco, Zitronensaft oder mildem Essig** sowie **Salz und Pfeffer** abschmecken.

Nährwerte pro Person:
250 kcal, 3 g EW, 2 g F, 50 g KH

AUBERGINEN-KARTOFFEL-PETERSILIEN-PÜREE

Passt prima zu Fleisch, Bratwürsten, kräftig gewürztem Fisch, Tofu oder Geflügel.

Den Ofen auf 200 °C (Umluft) vorheizen. **200 g Kartoffel schälen,** waschen, in Wasser weich garen und abgießen. **400 g Auberginen** putzen, waschen, rundum mit einer Gabel einstechen und im Ofen auf der mittleren Schiene 45 Minuten garen. Schälen und mit den Kartoffeln mixen. **½ Bund Petersilie** waschen, trocken schütteln, die Blättchen abzupfen und kurz mitmixen. Alles kräftig mit **Salz und Pfeffer,** nach Belieben auch mit **Zitronensaft,** abschmecken. Optional zuletzt kurz angebratenen **Knoblauch** oder fein geschnittene **Frühlingszwiebeln** untermischen.

Nährwerte pro Person: 100 kcal, 4 g EW, 0 g F, 18 g KH

ZUCCHINI-KARTOFFEL-PÜREE

Zu Fleisch, Fisch, Schmorgerichten, Lamm, Wild – einfach zu allem!

300 g Kartoffeln schälen, waschen, in grobe Würfel schneiden und in Salzwasser weich garen. Anschließend abgießen und beiseitestellen. **400 g Zucchini** putzen, waschen und in feine Würfel schneiden. **100 g Schalotten und 3 Knoblauchzehen** schälen und in sehr feine Würfel schneiden. **1 Zweig Thymian** waschen, trocken schütteln und die Blättchen abzupfen. In einer Pfanne **2 TL Öl** erhitzen und die Schalotten mit dem Knoblauch darin anbraten. Die Zucchini dazugeben. Mit **Salz und Pfeffer** würzen. Etwa 10 Minuten braten, bis die Zucchiniwürfel leicht Farbe annehmen. Den Thymian hinzufügen und 1 Minute mitbraten. Zuletzt alles mit den Kartoffeln grob mixen oder stampfen.

Nährwerte pro Person:
195 kcal, 7 g EW, 6 g F, 26 g KH

KALBSSCHNITZELCHEN

Schlanke Piccata mit Parmesan

Ich liebe Piccata Milanese, vor allem wegen des Parmesans. Das viele Öl zum Ausbacken eher weniger … daher hier eine schnelle und deutlich fettärmere Variante mit butterzartem Kalbsfilet und Ofengemüse.

Zutaten für 2 Personen:

3 TL Öl
Salz, Pfeffer aus der Mühle
250 g Kartoffeln
300 g Zucchini
300 g Kalbsfilet
20 g geriebener Parmesan

Zum Anrichten
6 EL Tomatensugo
(s. S. 54)
Rucola (optional)

Nährwerte pro Person:
380 kcal, 40 g EW, 14 g F, 20 g KH

1. Den Backofen auf 200 °C (Umluft) vorheizen. Ein Backblech mit Backpapier auslegen, mit 1 TL Öl einpinseln und mit Salz und Pfeffer bestreuen.

2. Die Kartoffeln schälen und in 0,5 cm dünne Scheiben schneiden. Die Zucchini putzen, waschen und längs in ebenso dünne Scheiben schneiden. Beides auf dem Backblech verteilen, mit 1 TL Öl einpinseln und mit Salz und Pfeffer würzen. Dann im Ofen auf der mittleren Schiene 25 Minuten backen.

3. Das Kalbsfilet in sehr dünne Scheiben – wie für Rouladen – schneiden und mit Salz und Pfeffer würzen. 5 Minuten vor Ende der Backzeit eine Pfanne erhitzen und mit 1 TL Öl einpinseln. In der heißen Pfanne (oder Grillpfanne) die Filetscheiben auf jeder Seite bei starker Hitze kurz anbraten, insgesamt je nach Dicke der Scheiben etwa 1 Minute. Anschließend das Fleisch aus der Pfanne nehmen, sofort mit dem Parmesan bestreuen, optional mit Rucola belegen, aufrollen und mit einem Zahnstocher fixieren.

4. Die Piccata mit den Zucchini und den Kartoffeln aus dem Ofen sowie dem Tomatensugo anrichten.

TATAR

mit knusprigen Kapern und Brotchips

Mit Tatar bin ich groß geworden – und liebe es bis heute! Mit Frische-Kick durch Limette und einem kleinen Extra aus meiner Heimat Tschechien: Knoblauch auf dem Brot. Verwende unbedingt qualitativ hochwertiges, gut gereiftes Rinderfilet.

Zutaten für 2 Personen:

6 Scheiben Buchweizen-Dinkel-Brot (s. S. 48)
250 g Rinderfilet (küchenfertig pariert/geputzt)
1 Bio-Limette
1 EL + 1 TL Olivenöl
2 TL Sojasauce (salzreduziert)
½ TL Fleur de Sel
Pfeffer aus der Mühle
2 EL Kapern
2 Knoblauchzehen

Nährwerte pro Person:
385 kcal, 8 g EW, 4 g F, 42 g KH

1. Den Ofen auf 200 °C (Umluft) vorheizen und die dünnen Brotscheiben darin auf dem Gitterrost golden anrösten. Anschließend aus dem Ofen nehmen und vollständig abkühlen lassen.

2. Das Fleisch in sehr dünne Scheiben und anschließend in kleine Würfel schneiden (ich plattiere die Scheiben zuerst hauchdünn, so wird das Tatar besonders fein und zart).

3. Die Limette heiß waschen, trocken reiben, die Schale fein abreiben und den Saft auspressen.

4. Das Tatar mit 1 EL Olivenöl, der Sojasauce, dem Limettenabrieb und der Hälfte des Limettensaftes vermischen. Mit Salz und Pfeffer würzen und 10 Minuten ziehen lassen. Erneut abschmecken.

5. Die Kapern abgießen, trocken tupfen und in 1 TL Olivenöl langsam knusprig braten.

6. 1 Scheibe geröstetes Brot in 4 Chips brechen. Das Tatar in einem Ring auf Tellern anrichten, die Kapern dazugeben und jeweils 2 Brotchips in das Tatar stecken. Die Knoblauchzehen schälen und mit dem restlichen Brot zum Tatar reichen. Knoblauchfans dürfen mit den Zehen ihr Brot einreiben, ganz nach Geschmack.

TIPP

Optional und sehr lecker dazu: schnelle schlanke Trüffelmayonnaise. Dazu pro Person 1 EL fettreduzierte Mayonnaise mit ½ TL Trüffelöl vermischen und zum Tatar servieren.

LOADED PASTA

mit Hähnchen und Linsen

Mein Geheimnis des reuelosen Nudelkonsums? Ich lade Pastagerichte mit gesunden Zutaten voll, sodass die Nudeln eher eine kleine Rolle spielen: keine Sahne- oder Käsesaucen, dafür jede Menge buntes Gemüse plus Eiweiß.

Zutaten für 2 Personen:

70 g Schalotten (ersatzweise Zwiebeln)
2–3 Knoblauchzehen
200 g Möhren
1 Bund Frühlingszwiebeln
200 g Auberginen
200 g Zucchini
200 g Paprikaschoten
200 g Tomaten
1 EL Öl
120 g Vollkornspaghetti
15 g Tomatenmark
Fleur de Sel
Pfeffer aus der Mühle
1 EL Thymianblättchen

Zum Anrichten
geriebener Parmesan
70 g gegarte rote Linsen (Trockengewicht)
200 g angebratenes Hähnchen- oder Putenbrustfilet (ersatzweise Tofu, Kofu oder Seitan)

Nährwerte pro Person: 690 kcal, 51 g EW, 15 g F, 78 g KH

1. Die Schalotten und den Knoblauch schälen, Schalotten in feine Würfel und Knoblauch in feine Scheiben schneiden. Den Rest des Gemüses putzen und waschen, die Möhren schälen. Frühlingszwiebeln und Möhren in feine Streifen schneiden. Auberginen, Zucchini und Paprikaschoten in feine, Tomaten in grobe Würfel schneiden. Das Öl in einer Pfanne erhitzen und Schalotten, Knoblauch, Frühlingszwiebeln und Möhren darin 5 Minuten anbraten, dann das restliche Gemüse bis auf die Tomaten dazugeben und etwa 10 Minuten weiterbraten, dabei immer wieder umrühren.

2. Die Nudeln in reichlich kochendem Salzwasser nach Packungsanweisung bissfest garen. Anschließend in ein Sieb abgießen, dabei das Nudelwasser auffangen und beiseitestellen.

3. Das Tomatenmark zum Gemüse geben und kurz mitrösten. Dann die Tomaten dazugeben und alles mit 75 ml Nudelwasser verrühren. Den Herd ausschalten. Die Mischung mit Fleur de Sel und Pfeffer gut würzen. Zuletzt die Spaghetti und den Thymian unterheben.

4. Die Pasta mit dem Parmesan, den Linsen und dem Hähnchen- oder Putenbrustfilet und anrichten.

TIPP

Welches Gemüse ich nehme, hängt meist von den Resten in meinem Kühlschrank ab. Denn diese Pasta ist ein echtes Zero-Waste-Gericht! Hauptsache bunt, das sorgt für Vitamine.

ASIA-BOWL

mit Gemüse und Hähnchen

Diese Nudelpfanne schmeckt einfach immer, egal ob mittags oder abends. Der Trick? Mittags genieße ich sie mit Soba-Nudeln, abends setze ich auf die praktisch kohlenhydratfreien Shirataki! Obendrauf kommt auf was du Lust hast.

Zutaten für 2 Personen:

Für die Sauce
1 daumengroßes Stück Ingwer
½ kleine rote Chilischote
1 EL Sojasauce, 1 EL Fischsauce
1 TL Sesamöl (hell oder dunkel)

Für die Nudelpfanne
2–3 Knoblauchzehen
1 Bund Frühlingszwiebeln
1 Paprikaschote (200 g)
200 g Möhren
3 kleine Pak Choi (ca. 300 g)
200 g Kräuterseitlinge
100 g Soba- oder 400 g Shirataki-Nudeln
1 Hähnchenbrustfilet (ca. 300 g)
Salz, Pfeffer aus der Mühle
Chili- oder Paprikapulver
1 EL + 1 TL helles Sesamöl

Zum Anrichten
1 Bio-Limette, gehackte Kräuter
geröstete Erdnüsse (optional)

Nährwerte pro Person: 480 kcal, 51 g EW, 14 g F, 29 g KH

1. Für die Sauce den Ingwer schälen und reiben. Die Chilischote waschen und in feine Ringe schneiden. Beides mit Sojasauce, Fischsauce sowie Sesamöl mischen und beiseitestellen.

2. Für die Nudelpfanne den Knoblauch schälen, in feine Scheiben schneiden. Die Frühlingszwiebeln putzen, waschen und in Streifen schneiden. Die Paprikaschote längs halbieren, entkernen, waschen und in Streifen schneiden. Die Möhren putzen, schälen und in Streifen schneiden. Die Pak Choi waschen, 1 quer in feine Streifen schneiden, die anderen 2 halbieren. Die Kräuterseitlinge putzen, trocken abreiben und längs in 0,5 cm dicke Scheiben schneiden.

3. Die Nudeln (falls verwendet die Shirataki vor dem Garen in einem Sieb gründlich mit heißem Wasser abspülen!) in kochendem Wasser nach Packungsanweisung bissfest garen.

4. Das Hähnchenbrustfilet in mundgerechte Würfel schneiden. Mit Salz, Pfeffer und etwas Chili- oder Paprikapulver würzen. 1 EL helles Sesamöl in einem Wok oder einer großen Pfanne erhitzen. Das Hähnchenbrustfilet, die Kräuterseitlinge und die halbierten Pak Choi kross anbraten. Herausnehmen und warm stellen. Restliches helles Sesamöl erhitzen. Den Knoblauch und die Frühlingszwiebeln darin bei starker Hitze anbraten. Das restliche Gemüse und den geschnittenen Pak Choi dazugeben und 3 Minuten mit anbraten.

5. Die Sauce und die Nudeln hinzufügen und alles gut mischen. Alles in Schalen geben. Mit je ½ Limette, Kräutern und optional Erdnüssen anrichten.

CLUB SANDWICH

Schlanker Hochstapler

Willkommen im Club! Im Club der BrotbäckerInnen und Sandwichfans, die am liebsten selber schichten – mit Bacon oder ohne. Statt dem Buchweizenbrot kannst du auch das Emmerbrot von Seite 48 nehmen.

Zutaten für 2 Personen:

2 Eier (Größe L)
6 Scheiben Buchweizen-Dinkel-Brot (s. S. 48)
2 Tomaten (ca. 140 g)
4 Blätter Salat (Kopfsalat oder Romana)
2 EL Mayonnaise (40 g, fettreduziert)
2 TL mittelscharfer Senf (10 g)
6 Scheiben gepökeltes Hähnchenbrustfilet (60 g)
2 Scheiben Bacon (optional; ich verzichte darauf)

Nährwerte pro Person:
435 kcal, 24 g EW, 15 g F, 47 g KH

1. Die Eier hart kochen, kalt abschrecken, pellen und in Scheiben schneiden. Das Brot toasten.

2. Die Tomaten waschen und in Scheiben schneiden, dabei die Stielansätze entfernen. Den Salat waschen und trocken schütteln. Die Mayonnaise mit dem Senf verrühren.

3. Das Hähnchenbrustfilet dünn schneiden. Optional den Bacon knusprig braten.

4. Dann die Brotscheiben auf einer Seite mit der Senf-Mayonnaise bestreichen. Pro Sandwich eine bestrichene Scheibe mit Salat, Tomaten und Ei belegen und eine weitere Scheibe mit Salat, Tomaten, Hähnchenbrustfilet und Bacon (optional). Die Brotscheiben aufeinanderlegen und die jeweils dritte Scheibe mit der Mayonnaiseseite nach unten zeigend obenauf legen. Zuletzt jedes Sandwich mit einem Holzspieß feststecken.

TIPP

Optional den Belag nach deinem Geschmack variieren, mit Käse, Gürkchen, Schinken, Kräutern …

KUMPIR

Backkartoffeln deluxe!

Backkartoffeln deluxe – so könnte man Kumpir bezeichnen! Hast du die Kartoffeln erst einmal im Ofen gebacken, kannst du deiner Fantasie freien Lauf lassen. Hier sind die Rezepte für meine drei Favoriten.

DIE BASIS

2 Kartoffeln à 300 g mit der Schale gründlich waschen, mit einem Messer rundum einstechen, in Alufolie wickeln und im vorgeheizten Ofen bei 200 °C (Umluft) 1 Stunde backen. Die Kartoffeln aus der Folie nehmen, einschneiden und das Innere mit einer Gabel auflockern. Die Backkartoffeln mit etwas **Meersalz** würzen, dann toppen.

MIT MATJES, DILL UND ROTER BETE

Ich liebe Matjes so sehr! Vor allem auf „Hausfrauen Art". Was ich nicht mag, ist die kalorienreiche Sauce, in der der Fisch oft auf dem Teller schwimmt. Die habe ich entschärft und jetzt steht dem Genuss nichts mehr im Weg!

20 g Schmand mit **80 g saurer Sahne** verrühren, **2 TL Zitronensaft** einrühren und **2 EL gehackten Dill** zugeben. Mit **Salz** und **Pfeffer** würzen. Wer es saurer mag, fügt mehr Zitronensaft oder **1 TL Essig** hinzu. **1 kleine rote Zwiebel (30 g)** schälen und in feine Ringe schneiden oder hobeln. **2 Doppelmatjes** in mundgerechte Stücke schneiden.

Auf **2 Backkartoffeln** zuerst die Sauce, dann die Matjesstücke, obenauf die Zwiebeln verteilen.

Nährwerte pro Person:
555 kcal, 22 g EW, 33 g F, 40 g KH

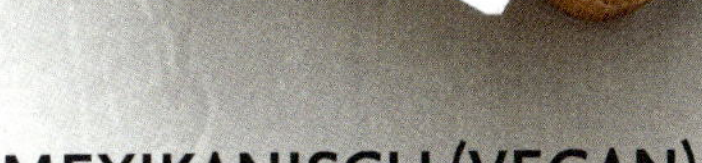

TAFELSPITZ-STYLE

Ich bin ein großer Fan von Tafelspitz mit scharfer Meerrettichsauce, in die man die Kartoffeln so schön drücken kann. Was liegt also näher, als meinen Klassiker auf die Kartoffel zu packen!

100 g Crème légère mit **1–2 TL scharfem Meerrettich** und **1 TL Dijonsenf** verrühren, mit **Salz** und **Pfeffer** würzen. **1 Essiggurke (30 g)** in feine Scheiben schneiden. Optional **1 EL Kapernäpfel** trocken tupfen, in **1 TL ÖL** knusprig anbraten und anschließend auf einem Küchentuch abtropfen lassen.

Zuerst die Meerrettichsauce, dann **100 g dünn geschnittenes Roastbeef,** die Gürkchen und optional die Kapern auf 2 Backkartoffeln verteilen.

Nährwerte pro Person:
390 kcal, 22 g EW, 13 g F, 42 g KH

MEXIKANISCH (VEGAN)

Hier ist der Crunch die Krönung!

1 Tomate waschen, halbieren, entkernen und fein würfeln. **1 Limette** auspressen. **2–3 Knoblauchzehen** schälen und fein reiben. **1 kleine rote Chilischote** waschen und fein hacken. **1 Avocado** halbieren, den Stein entfernen, das Fruchtfleisch mit einem Löffel herausheben und mit einer Gabel zerdrücken. Alles zu einer Guacamole mischen und mit **Salz** und **Pfeffer** abschmecken.

1 rote Zwiebel schälen, halbieren und fein schneiden. **1 kleine rote Chilischote** waschen und in feine Ringe schneiden. **1 kleine Dose Kidneybohnen (125 g Abtropfgewicht)** und **50 g Mais aus der Dose** in einem Sieb abbrausen und abtropfen lassen. **1 TL Öl** in einer Pfanne erhitzen. Zwiebel sowie Chili darin anbraten. Bohnen und Mais dazugeben und erhitzen. Mit **Salz** und **Pfeffer** würzen.

2 Backkartoffeln mit der Guacamole und den Bohnen toppen. **6 fettarme Kichererbsenchips** in Stücke brechen und darüber streuen.

Nährwerte pro Person:
460 kcal, 14 g EW, 14 g F, 61 g KH

HAUPTGERICHTE MIT FISCH

Fisch ist mein Ein und Alles. Er liefert Eiweiß und je nach Sorte jede Menge Omega-3-Fettsäuren, er ist vielseitig einsetzbar, schmeckt genial und ist herrlich unkompliziert.

BELUGALINSEN-SALAT

mit Lachsfilet und gebratenem Fenchel

Die Kaviar ähnlichen Belugalinsen bleiben beim Kochen schwarz und bissfest, Kräuter und Limette geben ihnen ein grandioses Aroma. Der gebratene Fenchel entwickelt eine Süße, die wunderbar mit dem Salat und dem Lachs harmoniert.

Zutaten für 2 Personen:

Für den Salat
125 g Belugalinsen
Salz
150 g Tomaten
150 g Salatgurke
100 g Frühlingszwiebeln
1 Handvoll gemischte Kräuter (z. B. Petersilie, Vietnamesischer Koriander, Minze)
1 kleine Fenchelknolle (ca. 200 g)
1 EL Öl zum Braten
300 g Lachsfilet (2 Filets)
Pfeffer aus der Mühle

Für das Dressing
1 EL Olivenöl
1 EL Balsamico bianco
Meersalz
Saft von 1 Limette
Salz, Pfeffer aus der Mühle

Nährwerte pro Person:
630 kcal, 48 g EW, 28 g F, 37 g KH

1. Für den Salat die Linsen in einem Sieb abbrausen und in Salzwasser nach Packungsanweisung garen (keine Angst vor Salz, sie werden so viel geschmackvoller). In ein Sieb abgießen, abtropfen lassen und beiseitestellen. Die Tomaten und die Gurke waschen. Beides in mundgerechte Stücke schneiden, dabei bei der Tomate die Stielansätze entfernen. Die Frühlingszwiebeln putzen, waschen und in Ringe schneiden. Die Kräuter waschen, trocken schütteln, die Blättchen abzupfen und grob hacken. Dann die Kräuter mit dem vorbereiteten Gemüse zu den Linsen geben.

2. Für das Dressing alle Zutaten mischen, den Salat damit anmachen und bis zum Servieren ziehen lassen.

3. Den Fenchel putzen, waschen und vierteln, den harten Strunk entfernen. Eine kleine Pfanne mit wenig Öl einpinseln und die Viertel darin auf jeder Seite bei mittlerer Hitze langsam golden braten. Zuletzt mit Salz und Pfeffer würzen.

4. Den Lachs waschen, trocken tupfen, mit Salz und Pfeffer würzen. Eine Pfanne mit wenig Öl einpinseln und den Lachs zuerst je 30 Sekunden auf der Unterseite, dann auf den Kanten anbraten. Danach auf die Hautseite drehen und auf dieser Seite etwa 3 Minuten braten, bis die Haut kross ist.

5. Den Linsensalat noch einmal abschmecken, mit dem Lachs und dem Fenchel anrichten und servieren.

SPINATCOUSCOUS

mit knusprigem Thunfisch

Seit ich ihn das erste Mal probiert habe, ist er immer im Vorratsschrank: Perl-Couscous ist einfach wunderbar und harmoniert perfekt mit dem würzigen Spinat und dem krossen Thunfisch.

Zutaten für 2 Personen:

100 g Perl-Couscous (ersatzweise Couscous oder Bulgur)
100 g rote Zwiebeln
2 Knoblauchzehen
200 g Blattspinat
2 TL Öl
Salz, Pfeffer aus der Mühle
2 EL Sojasauce (salzreduziert)
340 g Thunfischfilet

Nährwerte pro Person:
655 kcal, 46 g EW, 33 g F, 38 g KH

1. Den Couscous nach Packungsanweisung garen.

2. Die Zwiebeln und den Knoblauch schälen, die Zwiebeln halbieren und in feine Scheiben, den Knoblauch in Scheiben schneiden.

3. Den Spinat verlesen, waschen und grobe Stiele entfernen. In einer Pfanne 1 TL Öl erhitzen und die Zwiebeln mit dem Knoblauch darin anbraten. Den Spinat dazugeben, zusammenfallen lassen und 1 Minute mitbraten. Kräftig mit Salz und Pfeffer würzen. Zuletzt den Couscous unterheben. Alles mit der Sojasauce abschmecken.

4. Den Thunfisch waschen, trocken tupfen, mit Salz und Pfeffer würzen und in große Würfel schneiden. Das restliche Öl in einer Pfanne erhitzen und die Würfel darin auf jeder Seite bei starker Hitze kurz kross anbraten.

5. Den Spinatcouscous mit den Thunfischwürfeln belegen und servieren.

TIPP

Alles mit frischen Kräutern verfeinern oder die Thunfischwürfel nach dem Braten auf einer Kante in schwarzen Sesam drücken.

BIMI-BROKKOLI-PASTA

mit Garnelen in Zitronen-Weißwein-Sauce

Bimi Brokkoli schmeckt wie eine Mischung aus Brokkoli und grünem Spargel. Du kannst ihn komplett essen, mit dem Stiel, ganz ohne Schälen und Abfall! Dank fettreduzierter Sahne ist diese Sauce ganz leicht und lecker!

Zutaten für 2 Personen:

200 g Vollkornspaghetti
10 Garnelen (vorgegart und geschält)
2–3 Knoblauchzehen
1 EL Olivenöl
200 g Bimi (oder normaler Brokkoli)
100 ml Weißwein
4 EL Sahne (fettreduziert)
½ Bio-Zitrone
Salz, Pfeffer aus der Mühle
frische Erbsenkresse zum Garnieren (optional; schmeckt aber köstlich!)

Nährwerte pro Person:
530 kcal, 25 g EW, 12 g F, 65 g KH

1. Die Nudeln nach Packungsanweisung garen und abgießen, dabei 100 ml Nudelwasser auffangen und beiseitestellen.

2. Die Garnelen in einem Sieb abbrausen und abtropfen lassen. Den Knoblauch schälen und fein reiben. Die Garnelen mit dem Knoblauch und dem Olivenöl vermischen und 5 Minuten ziehen lassen.

3. Währenddessen den Bimi putzen, waschen und in Röschen teilen. Diese in kochendem Salzwasser 5 Minuten bissfest garen. Anschließend abgießen und sofort kalt abschrecken.

4. Eine Pfanne erhitzen, die Garnelen-Öl-Knoblauch-Mischung hineingeben und bei mittlerer Hitze 3 Minuten anbraten, danach die Garnelen aus der Pfanne nehmen und beiseitestellen. Die Hitze erhöhen und den Bratensatz in der Pfanne mit dem Wein ablöschen.

5. Das beiseitegestellte Nudelwasser und die Sahne dazugeben und alles leicht einkochen. Die Zitrone heiß waschen, trocken reiben und in Scheiben schneiden. Dazugeben und kurz mitköcheln lassen. Zuletzt die Sauce mit Salz und Pfeffer abschmecken.

6. Die Nudeln, den Brokkoli und die Garnelen in der Sauce erwärmen. Die Pasta in der Sauce optional mit Kresse garniert servieren.

ZWEIMAL GEBEIZTER LACHS

Italienisch und mit Gin

Lachs zu Hause beizen ist kinderleicht. Ich habe ein schnelles italienisches Rezept für dich (fertig in 2 Stunden) und ein klassisches mit Twist. Für beide verwende ich Lachs in Sushiqualität, den man auch roh essen kann.

Zutaten für 2 Personen:

40 g Zitronensaft
30 g Olivenöl
5 g zerstoßene rosa Beeren (rosa Pfeffer)
5 g feines Meersalz
5 g Zucker
300 g Lachsfilet ohne Haut und Gräten
10 g Zitronenthymian

Nährwerte pro Person:
425 kcal, 30 g EW, 32 g F, 4 g KH

1. Eine Schüssel auf die Küchenwaage stellen und alle Beize-Zutaten direkt in die Schüssel abwiegen. Alles gut verrühren.

2. Das Lachsfilet waschen, trocken tupfen und in der Beize wenden.

3. Den Zitronenthymian waschen, trocken tupfen, die Blättchen abzupfen und fein hacken. Das Lachsfilet auf jeder Seite damit bedecken und in einem verschließbaren Behälter 2 Stunden im Kühlschrank ziehen lassen.

4. Anschließend den Lachs aufschneiden und servieren.

VARIANTE: GEBEIZTER LACHS MIT GIN

Eine Schüssel auf die Küchenwaage stellen und alle Beize-Zutaten direkt in die Schüssel abwiegen: **15 g brauner Zucker, 15 g weißer Zucker, 10 g grobes Meersalz** und **10 g feines Meersalz.** Alles mischen. **300 g Lachsfilet ohne Haut und Gräten** waschen und trocken tupfen. Den Lachs mit **2 EL Gin** einreiben und mit der Salz-Zucker-Mischung, **5 g grob zerstoßenem buntem Pfeffer** und dem Abrieb von **1 Limette** rundum bestreuen. 48 Stunden vakuumiert oder fest in Frischhaltefolie gewickelt im Kühlschrank ziehen lassen (der Lachs behält so einen feinen Eigengeschmack und hat trotzdem einen besonderen Kick durch den Gin). Anschließend den Lachs kurz abspülen, trocken tupfen (sonst schmeckt er zu salzig) und servieren.

TIPP

Experimentiere ruhig etwas mit den Gewürzen, so schmeckt dein Lachs jedes Mal anders!

SOMMERROLLEN-BAUKASTEN

Die schlanke Schwester der Frühlingsrolle

Schnipple zuerst alle Zutaten, dann rollt sich jeder seinen Sommer selbst ins Reispapier. Gefüllt wird nach Herzenslust. Ich nehme gerne auch Reste von bereits gegartem Geflügel oder Braten, ganz im Sinne von #zerowaste!

DIE BASIS

Reispapier*

*Ich stelle einen tiefen Teller mit Wasser für alle auf den Tisch. Die Reispapierblätter nacheinander 30 Sekunden in das Wasser legen und einweichen lassen, dann herausnehmen und auf ein sauberes Küchentuch legen.

Jeweils etwas Füllung auf dem Reispapier verteilen, dabei die Ränder etwa 2 cm breit frei lassen. Das Papier seitlich über die Füllung klappen, dann die Seiten nach innen schlagen und aufrollen.

SÄTTIGENDES

Fleisch
(gegartes Hähnchen, Rindfleisch, kalte Ente, kalter Braten)

Fisch und Meeresfrüchte
(Krabben, Garnelen, Räucherlachs, gebratener Lachs)

Sojaprodukte
(Tofu, Kofu)

Nudeln
(Glasnudeln, Konjaknudeln, Soba)

GRÜNES

fein geschnittener Salat (z. B. Eisberg), frischer Koriander oder Vietnamesischer Koriander (wächst selbst auf dem Balkon wie Unkraut und schmeckt nicht so intensiv), alle Arten von Sprossen (probiere mal Knoblauchsprossen oder Erbsensprossen, so lecker!)

GEMÜSE UND PILZE

feine Streifen von Paprikaschoten, Möhren, Gurken, Zucchini, Frühlingszwiebeln, Chilischoten, Champignons, ..., was du magst und was roh gegessen werden kann!

ZUM TUNKEN

salzreduzierte Sojasauce

RÄUCHERFISCH

auf Süßlupinen-Kartoffel-Püree

Eines meiner neuen Lieblingspürees entstand tatsächlich erst beim Schreiben dieses Buches! Die Süßlupinen aus dem Glas bringen fünfmal mehr Eiweiß und fast ein Drittel weniger Kohlenhydrate mit als Kartoffeln.

Zutaten für 2 Personen:

170 g Kartoffeln
1 Glas Bio-Süßlupinen (Abtropfgewicht 190 g; z. B. von Nur Puur)
1 TL Öl
½ TL Fleur de Sel
200 ml Milch (1,5 % Fett)
Salz, Pfeffer aus der Mühle
frische Kräuter oder Kräuter der Provence zum Würzen (optional)
250 g geräucherte Forellenfilets

Nährwerte pro Person:
350 kcal, 40 g EW, 10 g F, 21 g KH

1. Die Kartoffeln schälen, waschen und in Wasser weich garen. Anschließend abgießen und ausdampfen lassen.

2. Die Süßlupinen in einem Sieb abbrausen und abtropfen lassen. 60 g davon mit dem Öl und dem Fleur de Sel mischen, auf einem mit Backpapier ausgelegten Backblech oder in einer Auflaufform verteilen und im Ofen auf der mittleren Schiene ca. 20 Minuten garen, bis sie knusprig und golden sind.

3. Die restlichen Süßlupinen mit den Kartoffeln in der Milch erwärmen (nicht kochen). Dann so fein mixen, wie man möchte (ich mag das Püree gerne etwas gröber). Zuletzt das Püree mit Salz und Pfeffer gut würzen, optional auch mit Kräutern.

4. Die Forellenfilets zerzupfen und zusammen mit den Süßlupinen aus dem Ofen auf dem Püree anrichten.

TIPP

Zum Püree passt jeder Räucherfisch, den du magst. Es ist durch seine Milde überhaupt eine Beilage, die praktisch zu allem geht, egal ob Fisch, Fleisch, Geflügel, zu einem Spiegelei oder zu veganen und vegetarischen Alternativen. Bei den Lupinen ist es ähnlich, sie passen zu ganz vielen Gerichten. Geröstet sind sie auch ein super Snack.

SCHARFE MUSCHELN

mit Riesencroûtons

Ich liebe Muscheln! Sie sind für mich wie ein kleiner Urlaub am Meer – und so einfach und schnell zubereitet. Der Sud ist megalecker, vergiss also nicht, einen großen Löffel bereitzuhalten – du wirst den Rest auslöffeln wollen!

Zutaten für 2 Personen:

Für die Croûtons

2 Scheiben Brot (z. B. Buchweizen-Dinkel-Brot, s. S. 48)
1–2 Zweige Thymian
1 TL Öl
Meersalz
fein gehackter Knoblauch (optional)

Für die Muscheln

200 g Staudensellerie
300 g Tomaten
4 Knoblauchzehen
1 kg frische Miesmuscheln
1 EL Öl
1 EL Harissa-Paste (meine ist die Rose Harissa von Belazu)
¼ l trockener Weißwein

Nährwerte pro Person:
370 kcal, 18 g EW, 12 g F, 22 g KH

1. Für die Croûtons das Brot in große Würfel schneiden. Den Thymian waschen, trocken tupfen und die Blättchen abzupfen. Das Öl in einer kleinen Pfanne erhitzen, die Würfel hineingeben, mit Meersalz und Thymian würzen und einmal wenden. Optional den Knoblauch untermischen.

2. Für die Muscheln den Staudensellerie putzen, waschen und in kleine Scheiben schneiden, das Grün aufheben. Die Tomaten waschen und in grobe Würfel schneiden, dabei die Stielansätze entfernen. Den Knoblauch schälen und vierteln.

3. Die Muscheln unter fließendem kaltem Wasser gründlich abbürsten, ggf. die Bärte der Muscheln entfernen (das geht ganz einfach mit der Hand, erst etwas rütteln und dann ziehen). Geöffnete Muscheln aussortieren (es kann sein, dass einige Muscheln nach dem Waschen und Putzen ein wenig aufgehen. Auf die Schale klopfen, und wenn sie sich wieder schließen, sind sie perfekt und wollten nur mal sehen, was man da macht).

4. Das Öl in einem großen Topf mit passenden Deckel erhitzen und den Staudensellerie mit dem Knoblauch darin anbraten. Die Harissa-Paste kurz mitrösten. Dann die Tomaten hinzufügen, mit Salz und Pfeffer würzen und alles mit dem Wein ablöschen. Die Muscheln dazugeben, mit geschlossenem Deckel 5 Minuten kochen, dabei immer wieder rütteln oder umrühren, bis alle offen sind. Dann die Muscheln mit den Croûtons servieren.

TIPP

Gare Muscheln statt Fisch oder Garnelen in diesem tollen Sud. Einfach in mundgerechte Stücke schneiden und kurz im Sud ziehen lassen – schon hast du eine Fischsuppe.

ONE TRAY MIT FISCH

Alles auf einem Blech

Du liebst es unkompliziert? Ich auch! Ein duftender Bräter mitten auf dem Tisch, voller Gemüse und mit knusprigem Fisch, Geflügel oder einer vegetarischen Alternative obendrauf – für mich eine der Lieblingsmahlzeiten überhaupt!

Zutaten für 2 Personen:

1 kg gemischtes Gemüse (nach Wahl; siehe Tipp)
2 EL + 2 TL Olivenöl (ersatzweise anderes Öl)
Salz, Pfeffer aus der Mühle
1 EL Lieblings-Grill-Gewürz (ich liebe die Rubs von Cape Herb & Spice)
4 Knoblauchzehen
1 Bio-Zitrone
2 ganze Doraden (küchenfertig; ersatzweise siehe Tipp)
1 Handvoll Rosmarin- und/oder Thymianzweige (optional)
50 ml Weißwein (ersatzweise Fond oder Wasser)

Nährwerte pro Person bei 500 g Tomaten und 500 g Zucchini: 440 kcal, 47 g EW, 20 g F, 15 g KH

1. Den Backofen auf 200 °C (Umluft) vorheizen.

2. Das Gemüse putzen, waschen, ggf. schälen – je nachdem, was verwendet wird – und in grobe Stücke schneiden (kleine Tomaten bleiben ganz). Mit 2 EL Olivenöl, Salz, Pfeffer und dem Gewürz in einer großen Schüssel gründlich mischen. Alles in einem Bräter oder auf einem Backblech verteilen. Die Knoblauchzehen im Ganzen mit Schale dazugeben.

3. Die Zitrone heiß waschen, trocken reiben und in Scheiben schneiden. Die Fische waschen, trocken tupfen und auf jeder Seite zweimal einschneiden. Mit 2 TL Olivenöl einpinseln, genauso wie das Gemüse würzen und mit den Zitronenscheiben belegen.

4. Optional den Rosmarin/Thymian waschen, trocken tupfen und auf das Gemüse legen, dann die Fische darauflegen (so entfalten die Kräuter ihr Aroma, ohne zu verbrennen). Alles mit dem Wein aufgießen und im Ofen auf der mittleren Schiene etwa 30 Minuten garen bzw. bis der Fisch knusprig und das Gemüse gar ist (ob der Fisch durch ist, kann man ganz leicht prüfen: Einfach versuchen, eine Flosse herauszuziehen. Geht das ganz problemlos, ist er fertig).

5. Den Bräter aus dem Ofen nehmen und in voller Pracht auf den Tisch stellen.

TIPP

Auf das Gemüse passt: Dorade, Wolfsbarsch, (Lachs-)forelle, Lachs, Hähnchen, Perlhuhn, Wachteln, Frikadellen, ganzer Schafskäse, marinierter Tofu, Seitan, Kofu.

5-ZUTATEN-REZEPTE

Weniger ist mehr

Wenige, aber gute Zutaten ergeben ein richtig leckeres Geschmackserlebnis, oft auch ganz ohne Aufwand. Im Buch findest du ganz viele von diesen unkomplizierten Rezepten – hier meine vier Favoriten.

Baked Oatmeal
Seite 147

Kalbsschnitzelchen mit Parmesan
Seite 113

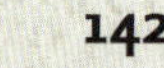

Oktopussalat
Seite 60

Ob Vorspeise, Dessert, Fleisch oder Fisch – bei diesen Gerichten bleibt die Einkaufsliste kurz (vorausgesetzt, du hast Basics wie Salz und Pfeffer schon zu Hause).

Kirsch-Quark-Eis
Seite 164

DESSERTS, SNACKS & SÜSSES

Ohne ein süßes Finale kann dieses Buch nicht enden. Desserts und Süßes sind ein Teil des Lebens, machen glücklich und sind dank einiger Tricks auch Happy End statt Sünde.

1 CUP / 240 ML

BAKED OATMEAL

Gebackener Haferbrei

Den Einsatz des Mixers kann ich hier nur empfehlen, auch wenn die Farbe des Breis etwas darunter leidet – die Konsistenz wird so wunderbar glatt und samtig. Für die Optik sorgen dann die frischen Beeren on top.

Zutaten für 2 Personen (1 Auflaufform 20 × 25 cm):

150 g Erdbeeren
100 g Haferflocken (zart oder Großblatt)
200 ml Milch (1,5 %)

Zum Garnieren
100 g Erdbeeren (ersatzweise Beerenmix)
einige Blätter frische Minze

Nährwerte pro Person:
280 kcal, 11 g EW, 5 g F, 41 g KH

1. Den Backofen auf 180 °C (Ober- und Unterhitze) vorheizen.

2. Die Erdbeeren waschen und putzen. 50 g davon in kleine Stücke schneiden und beiseitestellen. Die restlichen Erdbeeren mit den Haferflocken und der Milch im Mixer pürieren.

3. Die geschnittenen Erdbeeren unterheben. Dann den Haferbrei in die Auflaufform füllen und im Ofen auf der mittleren Schiene 20–25 Minuten backen.

4. Währenddessen die Erdbeeren für die Garnitur waschen, putzen und in kleine Stücke schneiden. Das Baked Oatmeal mit den Erdbeeren und der Minze garnieren und servieren.

TIPP

Falls dir die Süße aus den Beeren nicht ausreicht, dann füge vor dem Mixen Zucker oder eine Zuckeralternative hinzu!

FRÜHSTÜCKSKUCHEN

mit Pfirsich und Walnüssen

Kuchen zum Frühstück – klingt das nicht wunderbar? Mein Müslikuchen ist vollwertig, natürlich gesüßt, macht richtig satt und zu jeder Tageszeit glücklich, egal ob zuhause oder unterwegs!

Zutaten für 1 quadratische Kuchenform (15 × 15 cm; ergibt 4 Stücke):

evtl. Fett für die Form
2 kleinere, reife Bananen
2 Eier (Größe L)
100 g Vollkornhaferflocken (ersatzweise Vollkorndinkelflocken)
1 TL Vanillepaste
2 TL Weinsteinbackpulver (10 g)
Zucker (optional, s. Tipp)
60 g Walnusskerne
100 g Pfirsiche (ersatzweise Beeren oder andere Früchte nach Wahl)

Nährwerte pro Stück:
297 kcal, 9 g Eiweiß, 15 g F, 29 g KH

1. Den Backofen auf 175 °C (Umluft) vorheizen. Die Backform einfetten oder mit Backpapier auslegen.

2. Die Bananen schälen. Mit Eiern, Haferflocken, Vanillepaste, Weinsteinbackpulver und optional Zucker zu einem groben Teig mixen.

3. Die Walnüsse grob hacken. Die Pfirsiche waschen, halbieren, entsteinen und in etwa 1 cm große Würfel schneiden.

4. 20 g Walnüsse beiseitestellen, den Rest in den Teig rühren. Den Teig in die Form füllen und glatt streichen. Mit den Pfirsichen und den restlichen Walnüssen bestreuen. Den Kuchen im Ofen auf der mittleren Schiene ca. 45 Minuten backen (Stäbchenprobe durchführen, siehe Tipp).

5. Anschließend herausnehmen und abkühlen lassen.

TIPP

Um festzustellen, ob ein Kuchen oder Küchlein durchgebacken ist, sticht man am besten mit einem langen Holzspieß hinein. Klebt beim Hinausziehen noch Teig am Spieß, muss das Gebäck noch etwas länger im Ofen bleiben.

TIPP

Süßschnäbeln empfehle ich z. B. 50 g Xylit, Erythrit oder Kokosblütenzucker. Ich selbst süße den Kuchen gar nicht und nehme lieber sehr reife Bananen

BUCHWEIZENPFANNKUCHEN

mit Sauerrahm und Heidelbeersauce

In Tschechien heißt der Pfannkuchen Lívance und wird mit normalem Mehl gemacht. Ich habe Buchweizenmehl wie bei den russischen Blinis genommen, weil es herrlich nussig schmeckt!

Zutaten für 4 Personen (ergibt 16 Stück):

Für den Sauerrahm
100 g Sauerrahm (ersatzweise Joghurt, Dickmilch oder Skyr)
10 g Puderzucker
½ TL abgeriebene Bio-Zitronenschale

Für die Pfannkuchen
¼ l lauwarme Milch
140 g Buchweizenmehl
4 g Trockenhefe (ersatzweise ¼ Würfel Hefe)
1 EL Zucker
1 Prise Salz
1 Ei (Größe L)
5 g zerlassene Butter
2 TL Butter, Öl oder Kokosöl zum Ausbacken

Für die Heidelbeersauce
200 g Heidelbeeren
1 TL Puderzucker

Nährwerte pro Stück:
80 kcal, 2 g EW, 3 g F, 11 g KH

1. Für den Sauerrahm den Sauerrahm mit dem Puderzucker und dem Zitronenabrieb vermischen und kalt stellen.

2. Für die Pfannkuchen 100 ml lauwarme Milch mit 1 EL Buchweizenmehl, der Hefe und dem Zucker verrühren und alles 10 Minuten stehen lassen. Sobald die Hefe arbeitet und Blasen wirft, die Hefemilch mit den restlichen Zutaten zu einem Teig vermischen. Den Teig 30 Minuten quellen lassen. Anschließend eine Pfanne erhitzen, mit etwas Butter (ersatzweise Öl oder Kokosöl) auspinseln und darin nacheinander 16 kleine Pfannkuchen ausbacken und diese warm stellen. Die Pfanne zwischendruch immer wieder einpinseln.

3. Für die Sauce die Heidelbeeren verlesen, waschen, trocken tupfen und mit 3 EL Wasser und dem Puderzucker dickflüssig einköcheln lassen.

4. Die warmen Pfannkuchen mit dem kalten Sauerrahm und der heißen Heidelbeersauce servieren.

TIPP

Für mich sind diese Pfannkuchen ein warmes süßes Mittagessen, kein Dessert. Man kann sie super einfrieren und hat dann jederzeit schnell einen süßen Snack, zum Beispiel mit Joghurt.

TIPP
Die Sauce schmeckt auch mit anderen Früchten, z. B. Erdbeeren, Brombeeren, oder Aprikosen. Nimm was du magst und was Saison hat!

DATTELHAPPEN

Energie für zwischendurch

Diese kleinen Happen retten so manches Nachmittagstief. Ich mache sie extra klein, denn so kann man sie besser dosieren. Toll auch für unterwegs oder als kleines gesundes Mitbringsel.

Zutaten für 24 Stück:

15 g Mandelstifte oder -blättchen
1 Bio-Orange
100 g naturbelassene Datteln (entsteint)
30 g geschälte Hanfsamen
25 g Sesamsamen (ersatzweise Chiasamen, gehackte Nüsse, oder Pistazien)

Nährwerte pro Stück:
30 kcal, 1 g EW, 1 g F, 3 g KH

1. Die Mandeln in einer Pfanne ohne Fett golden anrösten. Anschließend aus der Pfanne nehmen, abkühlen lassen und hacken.

2. Die Orange heiß waschen, trocken reiben, die Schale abreiben und den Saft auspressen. Die Datteln grob schneiden und mit 3 TL Orangensaft (oder 3 TL Wasser) pürieren. Danach die Hanfsamen, die Mandeln und die Hälfte der abgeriebenen Orangenschale gründlich unter die Dattelmasse mischen.

3. Aus der Masse mit angefeuchteten Händen 24 kleine Kugeln rollen. Die Kugeln im Sesam wälzen und im Kühlschrank fest werden lassen. Dann servieren.

TIPP

Auch zur Aufbewahrung gebe ich die Dattelhappen in den Kühlschrank, so halten sie 3 bis 4 Wochen. Mit einer Lage Butterbrotpapier oder Backpapier dazwischen klebt nichts an.

100-KALORIEN-SNACKS

Wenn sich der kleine Hunger meldet

Nachmittagstief, ewiges Zoom-Meeting und dein Magen knurrt? Ich habe da was vorbereitet! Diese kleinen Snacks sind schnell auf Vorrat zubereitet, eiweißreich und sättigend. Und meinen Espressoliebling gibt es obendrauf.

PASTA-CHIPS

Die „Chips" schmecken wunderbar mit Linsen- oder Kichererbsenpasta. Tatsächlich tut es diesen gerne etwas mächtig schmeckenden Nudeln sogar sehr gut, sie zu rösten! Chips machen super satt, sodass du als Snack nur die Hälfte dieser Rezeptmengen brauchst. Der Rest hält sich luftdicht verpackt bis zum nächsten Tief.

50 g Kichererbsen- oder Linsennudeln in reichlich kochendem Salzwasser nach Packungsanweisung bissfest garen. Anschließend in ein Sieb abgießen. Dann die Nudeln mit **1–2 TL Öl** und **1 EL Lieblings-Grillgewürz** sehr gut vermischen.

Die Nudeln auf einem mit Backpapier ausgelegten Backblech mit Abstand verteilen und bei 200 °C (Umluft) etwa 10 Minuten knusprig backen. Anschließend servieren.

Tipp: Als Dip dazu serviere ich einfach Magerjoghurt, Quark mit etwas Zitronensaft, Labneh (siehe Seite 42) oder Whipped Feta (siehe Seite 40) mit Kräutern.

MINI-SAATENKNÄCKE MIT HANF

... ist ein sättigender und so leckerer Snack für Zwischendurch oder immer dann, wenn andere die Chips rausholen. Schnapp dir eine kleine Portion von Seite 43 und knabbere mit!

GERÖSTETE KICHERERBSEN

1 großer EL der gerösteten Kichererbsen von Seite 45 sind nicht nur ein wunderbarer Crunch auf Salaten, Pürees uns Cremes, sondern auch ein würziger Snack (den Ton bei Zoom dann lieber kurz ausmachen...)

AFFOGATO AL CAFFÈ

Meine zwei besten Freunde in einer Tasse: 1 heißer, starker Espresso und 1 kleine Kugel schmelzendes Vanilleeis (am liebsten eine zuckerfreie, fettarme Variante) für den italienischen Moment am Nachmittag.

NÜSSE

1 kleine Handvoll Mandeln ist wohl die einfachste Lösung für Zwischendurch: gesunde Energie schnell aus der Hand genascht. Nur lass die Hand nicht immer größer werden...

TOPFENKNÖDEL

mit Aprikosen

Diese Knödel sind ein Traum, noch dazu ein fett- und kalorienarmer! Ich verwende Magerquark für Teig und Topping, so bekommst du nicht nur einen herrlichen süßen Klassiker serviert, sondern auch jede Menge Eiweiß.

Zutaten für 2 Personen (ergibt 12 Stück):

Für die Knödel
250 g Magerquark
ca. 120 g helles feines Dinkelmehl
1 Eigelb (Größe L)
1 Prise Salz
1 EL Zucker (ersatzweise Zuckeralternative)
1 Msp. Vanillepulver

Für die Füllung
6 Aprikosen

Für das Topping
250 g Magerquark
Vanillepulver zum Verfeinern
30 g Puderzucker
1 EL Butter
Mandelstifte oder gehackte Walnüsse (optional)

Nährwerte pro Person:
590 kcal, 35 g EW, 10 g F, 86 g KH

1. Für die Knödel die Zutaten zu einem Teig verkneten, dabei das Mehl nach und nach dazugeben, je nach Quarksorte braucht es ein bisschen mehr oder weniger davon. Der Teig sollte glatt und samtig sein und nicht mehr zu sehr kleben.

2. Für die Füllung die Aprikosen waschen, trocken tupfen, halbieren und entsteinen.

3. Den Teig in 12 Portionen teilen, flach drücken und jeweils mit einer Aprikosenhälfte belegen. Die Teigränder hochziehen und jeweils über der Aprikose zu einem Knödel formen. Dann Wasser in einem großen Topf aufkochen, die Hitze reduzieren und die Knödel im leicht köchelnden Wasser ziehen lassen, bis sie nach oben kommen.

4. Währenddessen für das Topping den Quark mit der Vanille und dem Puderzucker schaumig schlagen. Die Butter zerlassen und leicht bräunen.

5. Die fertigen Knödel aus dem Wasser nehmen, abtropfen lassen und mit dem Quark und der zerlassenen Butter anrichten, optional noch mit Mandelstiften oder Walnüssen bestreuen.

TIPP

Ich verwende gerne Vanillepulver, du kannst aber auch Vanillemark oder Vanilleessenz verwenden.

SAFTIGER ZWETSCHGENKUCHEN

mit Haferflocken und Walnüssen

Backen mit Haferflocken habe ich erst vor einem Jahr für mich entdeckt und finde die Idee, Haferflocken in den Teigen zu verwenden, richtig gut! Hier werden sie vorher gemahlen oder gemixt, so wird der Kuchen schön zart.

Zutaten für 1 Kastenform (18–20 cm; ergibt ca. 10 Stücke):

Fett für die Form
1 Banane
50 g weiche Butter
100 g Erythrit (ersatzweise Kokosblütenzucker oder eine andere Süße nach Wahl)
2 Eier (Größe L)
150 g gemahlene Haferflocken
1 TL Weinsteinbackpulver (5 g; ersatzweise Backpulver)
½ TL Zimtpulver
Salz
200 g Zwetschgen
2–3 EL Milch (ersatzweise Pflanzendrink)
1 EL gehackte Walnüsse

Nährwerte pro Stück:
190 kcal, 4 g E, 16 g F und 5 g KH

1. Den Ofen auf 150 °C (Umluft) vorheizen. Die Form mit Backpapier auslegen und an den Seiten einfetten.

2. Die Banane schälen und pürieren oder fein zerdrücken. Mit der weichen Butter und dem Erythrit aufschlagen. Dann die Eier einzeln unterrühren.

3. Die gemahlenen Haferflocken, das Weinsteinbackpulver, den Zimt und 1 Prise Salz vermischen und zu der Bananenmasse geben. Alles gut verrühren.

4. Die Zwetschgen waschen, halbieren, entsteinen, vierteln und unter den Teig heben. Zuletzt die Milch in den Teig rühren.

5. Den Teig in die Form füllen und mit den Walnüssen bestreuen. Den Kuchen im Ofen auf der mittleren Schiene 45 Minuten golden backen. Anschließend abkühlen lassen und servieren.

SCHWARZWÄLDER KIRSCHTORTE

Aber bitte mit Sahne

Die Schwarzwälder Kirsch kennt und mag glaube ich fast jeder, auch ich! Und weil ich ungern verzichte und du es auch nicht tun musst, habe ich hier eine schlanke Variante für dich.

Zutaten für 1 kleine Springform (16 cm Durchmesser; ergibt 8 Stücke):

Für den Biskuit
Fett für die Form
80 g Haferflocken (zart)
3 Eier (Größe L)
Salz
100 g Zucker (ersatzweise Xylit oder Erythrit)
30 g Backkakao
30 g Speisestärke
1 TL Weinsteinbackpulver (5 g)
350 g Kirschen (aus dem Glas; entsteint)
1 EL Zartbitter-Schokoladenraspel zum Garnieren

Für die Creme
500 g Magerquark mit Protein
50 g Sahne (ersatzweise Milch)
30 g Puderzucker (ersatzweise Xylit oder Erythrit)

Nährwerte pro Stück:
260 kcal, 11 g EW, 7 g F, 35 g KH

1. Für den Biskuit den Backofen auf 200 °C (Ober- und Unterhitze) vorheizen. Die Form mit Backpapier auslegen und einfetten.

2. Die Haferflocken im Blitzhacker fein mahlen. Die Eier trennen. Die Eiweiße mit 1 Prise Salz verquirlen, dann den Zucker einrieseln lassen, dabei weiter zu einem cremigen Schnee schlagen. Die Eigelbe einzeln unter den Eischnee rühren. Die Haferflocken mit dem Backkakao, der Speisestärke und dem Weinsteinbackpulver verrühren. Auf die Eimasse sieben (damit der Teig später schön fein wird) und mit einem Spatel unterheben.

3. Den Teig in die Form füllen. Den Kuchen im Ofen auf der mittleren Schiene 10 Minuten backen, dann die Hitze auf 170 °C reduzieren und den Kuchen weitere 20–25 Minuten backen (Stäbchenprobe machen, siehe Tipp S. 150). Anschließend aus dem Ofen nehmen, aus der Form lösen und auf einem Kuchengitter abkühlen lassen.

4. Für die Creme die Zutaten verrühren. 4 EL davon beiseitestellen für die Cremetupfen am Schluss.

5. Den Biskuit horizontal halbieren. Die Kirschen in ein Sieb abgießen und abtropfen lassen, dabei 9 EL Saft auffangen und beiseitestellen, ebenso 8 Kirschen für die Garnitur. Jeden Biskuitboden mit der Hälfte des Kirschsafts tränken und mit der Hälfte der Creme bestreichen. Einen Boden mit den Kirschen belegen, den zweiten Boden daraufsetzen. Die Torte oben mit Cremetupfen verzieren, mit den Schokoraspeln bestreuen und mit den restlichen 8 Kirschen garniert servieren.

JOGHURTKUCHEN

mit Fruchtsauce

Dieser Kuchen ist der Star auf meinem Blog und vor allem auf Pinterest! Zigmal wurde er bereits nachgebacken und ich hoffe, dir schmeckt er auch. Mit Beeren deiner Wahl und je nach Saison kannst du ihn immer wieder abwandeln.

Zutaten für 1 kleine Spring- oder Auflaufform (ca. 20 cm Durchmesser; ergibt 8 Stücke):

Für den Joghurtkuchen
evtl. Fett für die Form
1 große Bio-Zitrone
4 Eier (Größe L)
70 g Xylit (ersatzweise Zucker)
350 g griechischer Joghurt (3,5 % Fett)
1 TL Vanilleessenz (ersatzweise 1 Msp. Vanillepulver)
40 g Vanillepuddingpulver (gesüßt, z. B. von Natreen; ersatzweise Vanille-Eiweißpulver)
1 TL Weinsteinbackpulver (5 g)

Für die Fruchtsauce
200 g Beeren der Saison (ersatzweise TK-Beeren)
Süße nach Wahl (optional)

Zum Anrichten
Puderzucker (optional)

Nährwerte pro Stück: 116 kcal, 6 g EW, 6 g F, 4 g KH

1. Für den Kuchen den Backofen auf 170 °C (Ober- und Unterhitze) vorheizen. Die Form einfetten oder mit Backpapier auslegen.

2. Die Zitrone heiß waschen, trocken reiben und die Schale abreiben. Die Eier trennen und die Eiweiße zu einem cremigen Schnee schlagen.

3. In einer separaten Schüssel die Eigelbe mit dem Xylit schaumig aufschlagen. Den Joghurt dazugeben, dann den Zitronenabrieb sowie die Vanilleessenz und alles gut verrühren.

4. Das Puddingpulver mit dem Weinsteinbackpulver mischen und unter die Eigelbmasse rühren. Zuletzt den Eischnee vorsichtig unterheben.

5. Den Teig in die Form füllen und den Kuchen im Ofen auf der mittleren Schiene 30 Minuten backen. Dann den Ofen ausschalten, die Ofentür anlehnen (Tipp: einen Kochlöffel in die Tür stecken) und den Kuchen weitere 30 Minuten im Ofen lassen.

6. In der Zwischenzeit für die Fruchtsauce die Beeren verlesen, waschen und trocken tupfen. Mit 4 EL Wasser kurz aufkochen, optional süßen und einköcheln lassen.

7. Den fertigen Kuchen aus dem Ofen nehmen und vollständig abkühlen lassen. Dann mit der Fruchtsauce anrichten, optional mit Puderzucker bestreuen und servieren.

KIRSCH-QUARK-EIS

Jeden Tag hitzefrei

Eigentlich gehöre ich eher ins Team Käseplatte – aber ein kleines süßes Laster habe ich: Eiscreme! Eis und Gefrorenes mag ich am liebsten täglich. Mehr eiskalte Ideen gibt es bei den Frozen Delights auf Seite 166.

Zutaten für 4 Stück:

150 g TK-Kirschen (entsteint und ungesüßt, oder frische Kirschen)
250 g Magerquark
15 g Puderzucker (ersatzweise Xylit oder Erythrit)

Nährwerte pro Stück:
75 kcal, 6 g EW, 0 g F, 10 g KH

1. TK-Kirschen können direkt gefroren verwendet werden. Frische Kirschen waschen, entstielen, halbieren und entsteinen.

2. Die Kirschen in einem hohen Rührbecher mit dem Proteinquark und dem Zucker mischen. Alles mit dem Stabmixer pürieren.

3. In Eisförmchen geben und einfrieren. Wer keine Eisförmchen hat, kann auch kleine, dicke Gläser mit Deckel nehmen (nicht ganz bis zum Rand füllen). Vor dem Servieren kurz antauen lassen.

TIPP

Für eine Schwarzwälder-Kirsch-Variante das Eis am Stiel noch in geschmolzene dunkle Schokolade tauchen – wegen der Kalorien nur bis zur Hälfte.

HOMEMADE
WITH LOVE

FROZEN DELIGHTS

Manche mögen's heiß – ich liebe es eiskalt!

Während mein Mann mit der Chipstüte raschelt, greife ich in die Kühltruhe: gefrorene Weintrauben, Kiwis oder eine Variante mit Joghurt sind meine Favoriten, im Sommer genauso wie in der kalten Jahreszeit!

GEFRORENE WEINTRAUBEN

Die musst du einfach probieren! So lecker, erfrischend und ein deutlich hüftfreundlicherer Snack als Chips …

Weintrauben (weiß oder blau) sehr gründlich heiß waschen und trocken tupfen. Von den Stielen zupfen, in einen Gefrierbeutel geben und einfrieren.

FROZEN BEERENJOGHURT

Hast du keine Geduld, Beeren einzeln in Joghurt zu tauchen, ist Frozen Beerenjoghurt eine gute Alternative.

1 Teil Beeren nach Wahl verlesen, waschen und trocken tupfen. Mit **2 Teilen Joghurt** (Natur- oder zuckerfreier Fruchtjoghurt) mischen. Die Masse in eine mit Backpapier ausgelegte, flache und kältestabile Form gießen und einfrieren. Anschließend in Stücke brechen.

BEEREN IN JOGHURT

Diese Joghurtbeeren sind gleichzeitig gesund und lecker!

Beeren (z. B. Erdbeeren, Himbeeren, Blaubeeren oder andere Früchte nach Wahl) verlesen, waschen (andere Früchte ggf. putzen, schälen, entsteinen) und trocken tupfen. Die Beeren im Ganzen (andere Früchte klein geschnitten) in **Joghurt** tauchen. Anschließend auf einem mit Backpapier belegten Brett im Tiefkühlfach einfrieren.

Tipp: Siehe Kiwi am Stiel oben.

KIWI AM STIEL

Einfacher geht's nicht, alles was du brauchst ist eine Kiwi und einige Eisstäbchen.

Kiwi (grün oder gelb) schälen. Das Fruchtfleisch in dicke Scheiben schneiden und jeweils an der schmalen Seite einen Eisstiel hineinstecken. Die Scheiben auf einem mit Backpapier belegten Brett im Tiefkühlfach anfrieren lassen. Sobald sie fest sind, in einen Gefrierbeutel geben, verschließen und einfrieren.

Tipp: Die Scheiben zu einem Drittel in geschmolzene dunkle Schokolade tauchen und dann einfrieren.

GEBACKENES OBST

mit Whipped Ricotta

Hast du schon einmal gebackene Weintrauben probiert? Sie werden zwar etwas schrumpelig, aber so unglaublich süß und lecker! Zusammen mit Pfirsich kommen sie hier auf samtig-fluffigen Ricotta-Quark.

Zutaten für 2 Personen:

200 g Weintrauben
200 g Pfirsiche
200 g Magerquark
100 g Ricotta
1 TL Honig
1–2 TL Kokosblütenzucker
1 Msp. Vanillepulver
frische Minze zum Garnieren (optional)

Nährwerte pro Person:
285 kcal, 15 g EW, 7 g F, 38 g KH

1. Den Backofen auf 200° C (Umluft) vorheizen.

2. Die Weintrauben waschen, trocken tupfen und von den Stielen zupfen. Die Pfirsiche waschen, halbieren, entsteinen und in mundgerechte Stücke schneiden.

3. Das Obst in eine kleine Auflaufform geben und im Ofen auf der mittleren Schiene 20–25 Minuten backen, dabei einmal umrühren.

4. In der Zwischenzeit den Quark mit dem Ricotta, dem Honig, dem Kokosblütenzucker und der Vanille schaumig schlagen. Die Mischung in den Kühlschrank stellen, bis das Obst fertig gebacken ist.

5. Das heiße Obst auf der gekühlten Creme anrichten und mit dem Sud aus der Auflaufform beträufeln, optional mit Minze garnieren.

QUARKSOUFFLÉS

mit Gelinggarantie

Ein kleines Quarksoufflé ist mit die schönste Art, für genügend Protein zu sorgen. Mein Geheimtipp für dieses und viele andere Dessertrezepte: Magerquark mit Protein von Andechser Natur. Er ist cremig und so lecker.

Zutaten für 4 Personen (oder ein süßes Mittagessen für 1 Person):

Für die Soufflés
Fett für die Förmchen
2 Eier (Größe L)
Salz
250 g Magerquark
20 g Vanillepuddingpulver
1 TL Vanilleessenz (optional; ersatzweise Vanille-, Tonkabohne- oder Zimtpulver)

Für das Topping
100 g Beeren
Puderzucker zum Bestreuen (optional)

Nährwerte pro Person:
90 kcal, 10 g EW, 3 g F, 5 g KH

1. Den Backofen auf 180 °C (Ober- und Unterhitze) vorheizen. Vier kleine, feuerfeste Förmchen einfetten.

2. Für die Soufflés die Eier trennen. Die Eiweiße mit 1 Prise Salz schaumig schlagen, nicht zu steif! Die restlichen Zutaten verrühren und den cremigen Eischnee unterheben. Die Masse in die Förmchen füllen.

3. Für das Topping die Beeren verlesen, waschen und trocken tupfen. 1 EL Beeren für die Deko beiseitestellen. Soufflés mit den restlichen Beeren bestreuen und im Ofen auf der mittleren Schiene 20–25 Minuten backen, bis sie aufgehen und oben golden werden. Beim Antippen der Oberfläche sollten die Soufflées noch leicht wackeln wie ein guter Käsekuchen!

4. Die fertigen Soufflés sofort mit den übrigen Beeren dekorieren, optional mit etwas Puderzucker bestreuen, und servieren.

TIPP

Ich nehme hier gesüßtes Puddingpulver von Natreen. Du kannst auch Vanille-Eiweißpulver, normales Vanillepuddingpulver oder Speisestärke verwenden; bei den letzten beiden musst du aber zusätzlich süßen.

GEBRATENE BIRNE

mit Blauschimmelkäse-Creme

Magst du Blauschimmelkäse auch so gerne? Leider ist er nicht nur lecker, sondern auch eine ziemliche Kalorienbombe … aber man kann sie entschärfen! So mild schmeckt der Schimmelkäse übrigens auch Skeptikern.

Zutaten für 2 Personen:

40 g Gorgonzola (z. B. Cremoso von Galbani; ersatzweise anderer Blauschimmelkäse nach Wahl)
60 g Frischkäse mit Skyr (isländischer Magerquark)
1 große oder 2 kleine Birnen
etwas Butter

Dazu passt
Emmer- oder Buchweizen-Dinkel-Brot (s. S. 48)

Nährwerte pro Person:
215 kcal, 7 g EW, 14 g F, 15 g KH

1. Den Gorgonzola mit dem Frischkäse cremig mixen. Dann die Creme in den Kühlschrank stellen.

2. Die Birne(n) waschen, trocken reiben, vierteln und Kerngehäuse entfernen. Eine kleine Pfanne mit Butter einpinseln und die Viertel darin golden anbraten.

3. Die gekühlte Käsecreme auf den noch heißen Birnenvierteln verteilen (sie soll darauf schmelzen!) und das Dessert sofort servieren.

TIPP

Ein Klassiker zu dieser Kombination sind ohne Fett geröstete Walnüsse. Aber auch eine dünne Scheibe von einem meiner Brote (Seite 48) passt zu diesem Käse-Dessert wunderbar: das Brot einfach in einer Pfanne knusprig braten und zerbröselt oder als Chip als crunchy Topping dazu anrichten.

ESPRESSO FLUFF

Schaumkuss mit Kick

Gibt es etwas, was mir auf einer einsamen Insel wirklich fehlen würde? Kaffee! Ich liebe Kaffee in der Tasse, in Desserts und in Saucen. Auf dem Blog und in meinen Backbüchern findest du jede Menge Inspiration dazu.

Zutaten für 2 Personen:

2 sehr frische Eiweiß (Größe L; ersatzweise pasteurisiertes Eiweiß aus der Flasche)
Salz
30 g brauner Xylit (ersatzweise Kokosblütenzucker oder andere Streusüße nach Wahl)
1 TL lösliches Kaffee- oder Espressopulver (ca. 3 g)
Backkakao zum Bestäuben

Zum Garnieren (optional)
geröstete Nusskerne nach Wahl
frische Beeren nach Wahl

Nährwerte pro Person:
75 kcal, 5 g EW, 1 g F, 1 g KH

1. Die Eiweiße mit 1 Prise Salz in eine Rührschüssel geben. Mit den Schneebesen der Küchenmaschine oder des Handrührgeräts zuerst leicht anschlagen. Dann das Xylit und das Kaffeepulver löffelweise hinzufügen, dabei weiterschlagen.

2. Die Masse 10 Minuten schlagen, bis ein cremiger Schnee entsteht und sich sowohl das Xylit als auch das Kaffeepulver aufgelöst haben.

3. Den Fluff in Gläser füllen und mit 1 Prise Backkakao bestäuben. Optional mit gerösteten Nüssen oder frischen Beeren garnieren.

TIPP

Es gibt lösliche Kaffeepulver in vielen Geschmacksrichtungen, von Vanille über Kokos bis Schokolade. Perfekt für diesen Fluff – und überhaupt alle Kaffee-Desserts!

STIMMEN AUS DER COMMUNITY

Ohne sie wäre mein Leben nur halb so bunt!

Meine Community ist mein Ein und Alles. Ob in meiner Facebookgruppe, auf Instagram, dem Blog oder Pinterest, ich liebe den Austausch! Deshalb dürfen meine Leser*innen auch in diesem Buch wieder zu Wort kommen.

„Seit ich mit dir gestartet bin, habe ich ein viel besseres Körpergefühl, mehr Auswahl in meinem Speiseplan und durch meinen Sport und Yoga fühle ich mich mit 51 so gesund wie nie zuvor. Ich mag deinen Blog, weil du mich an deinem Leben teilhaben lässt!“

„Die Rezepte sind einfach klasse. Und der Umgang in der FB Gruppe so zauberhaft!!“

„Ich habe alle Deine Bücher, und du begleitest mich wöchentlich. Ich wünsche uns Frauen, dass wir uns perfekt finden, genauso wie wir sind, denn erst wenn wir mit uns wirklich in Kontakt stehen, ändern wir einige.“

„Ich bin Fan der ersten Stunde und am besten gefällt mir, dass Du so nahbar warst und immer noch bist! Außerdem die vielen tollen Rezepte – ob süß oder herzhaft! Ich habe so viel Leckeres gezaubert, weil Du mich immer wieder inspiriert hast! Außerdem viele tolle nützliche Tipps – angefangen von Kochgeschirr bis zur Fastenkur! Toll einfach.“

„Du legst nicht – wie viele andere – eine guruhafte Art an den Tag dass „LC das einzig Wahre“ wäre und nichts anderes jemals helfen könnte. Du testest selbst immer wieder Neues und lässt uns daran teilhaben und dies auf ehrliche Art. Du redest nichts schön und willst niemanden überzeugen, sondern sagst einfach gerade heraus was DEINE Erfahrungen sind. Deine Rezepte machen Spaß und schmecken oft – ist ja auch Geschmackssache – einfach super lecker. Mein Ernährungsschatz wurde durch dich bereichert.“

„Ich finde die Rezepte so „normal“, schnell zuzubereiten, sehr alltagstauglich.“

„Ich mag deine unkomplizierten Rezepte und deine authentische Art. Vor allem finde ich es super, dass du deine Community immer mit einbeziehst.“

„Das Backen deiner Rezepte kann auch Mediation sein“.

„Deine Art zu schreiben, die Geschichte mit in die Rezepte zu packen, da steckt sooo viel Liebe dahinter, das ist grandios!!! (...) Man hat bei dir das Gefühl mit teilhaben zu dürfen an deinem Weg und deinen tollen Rezepten. Das macht es so wundervoll authentisch, ehrlich und echt!!! Vielen Dank dafür.“

„Danke für deine tollen, optisch und geschmacklich sehr ansprechenden und raffinierten Rezepte, wie auch deine offene, unverkrampfte und ehrliche Art.“

REGISTER

A

Affogato al Caffè 155
Aprikosen: Topfenknödel mit Aprikosen 157
Asia-Bowl mit Gemüse und Hähnchen 118
Asiatische Kokossuppe mit Mango und Knusperseitan 57
Aubergine
- Auberginen-Kartoffel-Petersilien-Püree 111
- Gebackene Auberginen mit Joghurt 35
- Loaded Pasta mit Hähnchen und Linsen 116

Avocadodip 67

Backkartoffeln: Kumpir 122
Baked Oatmeal 147
Beeren in Joghurt 167
Belugalinsen-Salat mit Lachsfilet und gebratenem Fenchel 127
Bimi-Brokkoli-Pasta mit Garnelen in Zitronen-Weißwein-Sauce 130
Birne: Gebratene Birne mit Blauschimmelkäse-Creme 172
Blumenkohl: Madras-Curry-Chicken mit geröstetem Blumenkohl und Labneh 102
Bœuf Stroganoff 106
Bohne
- Panzanella 75
- Weiße-Bohnen-Paste mit Fenchel 44

Brokkoli: Bimi-Brokkoli-Pasta mit Garnelen in Zitronen-Weißwein-Sauce 130
Brotsalat: Panzanella 75
Buchweizen-Dinkel-Brot 48
Buchweizenpfannkuchen mit Sauerrahm und Heidelbeersauce 150
Burger: Veggie-Burger mit Zucchini-Patty 76

C/D

Club Sandwich 120
Couscous: Spinatcouscous mit knusprigem Thunfisch 128
Dattelhappen 152
Dorade: One Tray mit Fisch 140

E/F

Eier
- Club Sandwich 120
- Eierpäckchen 47
- Gemüse-Pilz-Pfanne mit Soba-Nudeln 87

Emmer-Haferflocken-Waffeln 93
Erbsen
- Maispfannkuchen mit Kräutercreme und Erbsen 36
- Vollkornreis-Risi-Bisi 97

Espresso Fluff 174
Fenchel: Belugalinsen-Salat mit Lachsfilet und gebratenem Fenchel 127
Feta
- Linsengalettes mit griechischem Salat 88
- Whipped Feta mit Roter Bete 40

Frischkäse: Mediterrane Frischkäsecreme mit gebratener Paprika 46
Frozen Beerenjoghurt 166
Frühstückskuchen mit Pfirsich und Walnüssen 148

Garnelen: Bimi-Brokkoli-Pasta mit Garnelen in Zitronen-Weißwein-Sauce 130
Gebackene Auberginen mit Koriander-Kokos-Joghurt 35
Gebackener Haferbrei 147
Gebackenes Obst mit Whipped Ricotta 169

Gebratene Birne
mit Blauschimmelkäse-Creme 172
Gebratener Romanasalat
mit Skyr-Parmesan-Dressing und Croûtons 62
Gefrorene Weintrauben 166
Gemüse-Pilz-Pfanne mit Soba-Nudeln 87
Geröstete Kichererbsen 45

H/J

Hackfleisch: Emmer-Haferflocken-Waffeln 93
Haferbrei, gebackener 147
Haferflocken
Baked Oatmeal 147
Frühstückskuchen mit Pfirsich
und Walnüssen 148
Saatenknäcke mit Hanf 43
Saftiger Zwetschgenkuchen
mit Haferflocken und Walnüssen 158
Hähnchenbrust
Asia-Bowl mit Gemüse und Hähnchen 118
Laab 101
Loaded Pasta mit Hähnchen und Linsen 116
Hähnchenkeulen: Madras-Curry-Chicken
mit geröstetem Blumenkohl und Labneh 102
Hasselbacks 95
Heidelbeeren: Buchweizenpfannkuchen
mit Sauerrahm und Heidelbeersauce 150
Joghurt
Beeren in Joghurt 167
Frozen Beerenjoghurt 166
Joghurtkuchen mit Fruchtsauce 162
Labneh 42
Maispfannkuchen mit Kräutercreme
und Erbsen 36

K

Kalbsschnitzelchen 113
Kartoffeln
Auberginen-Kartoffel-Petersilien-Püree 111
Kalbsschnitzelchen 113
Kartoffelsalat 70
Kumpir 122
Räucherfisch auf Süßlupinen-Kartoffel-
Püree 137
Smashed-Potato-Waffeln 96
Tagliata vom Rinderfilet
mit geschmolzenen Tomaten 104
Zucchini-Kartoffel-Püree 111
Kichererbsen: Geröstete Kichererbsen 45
Kirschen
Kirsch-Quark-Eis 164
Schwarzwälder Kirschtorte 160
Kiwi am Stiel 167
Knäckebrot: Saatenknäcke mit Hanf 43
Kohlrabistifte aus dem Ofen 94
Kumpir 122

L

Laab 101
Labneh 42
Lachs
Belugalinsen-Salat mit Lachsfilet
und gebratenem Fenchel 127
Zweimal gebeizter Lachs 132
Lamm
Bœuf Stroganoff 106
Lammfilet mit Rotwein-Balsamico-Zwiebeln 108
Linsen
Belulinsen-Salat mit Lachsfilet
und gebratenem Fenchel 127
Linsen-Möhren-Suppe mit Orange und Zimt 58
Linsengalettes mit griechischem Salat 88
Loaded Pasta mit Hähnchen und Linsen 116

M/N

Madras-Curry-Chicken
mit geröstetem Blumenkohl und Labneh 102
Maispfannkuchen mit Kräutercreme und Erbsen 36

Mango: Asiatische Kokossuppe mit Mango
und Knusperseitan 57
Mangoldmuffins mit Frischkäsecreme 50
Mediterrane Frischkäsecreme
mit gebratener Paprika 46
Mediterranes Dressing 66
Minestrone-Baukasten 84
Miso-Baukasten 52
Möhren
Asia-Bowl mit Gemüse und Hähnchen 118
Linsen-Möhren-Suppe mit Orange und Zimt 58
Loaded Pasta mit Hähnchen und Linsen 116
Möhren-Tagliatelle 95
Sprossensalat mit Frühlingszwiebeln
und Möhren 64
Vollkornreis-Risi-Bisi 97
Muscheln: Scharfe Muscheln
mit Riesencroûtons 138
Nudeln
Asia-Bowl mit Gemüse und Hähnchen 118
Bimi-Brokkoli-Pasta mit Garnelen
in Zitronen-Weißwein-Sauce 130
Gemüse-Pilz-Pfanne mit Soba-Nudeln 87
Loaded Pasta mit Hähnchen und Linsen 116
One-Pot-Vollkornrigatoni mit Ziegenfrischkäse
und Rucola 80
Pasta-Chips 154
Zitronenpasta 82

O/P

Oktopussalat 60
One Tray mit Fisch 140
One-Pot-Vollkornrigatoni mit Ziegenfrischkäse
und Rucola 80
Orange: Linsen-Möhren-Suppe
mit Orange und Zimt 58
Orangen-Spargel-Salat mit Orangen-
schmand 68
Pak Choi: Asia-Bowl 118
Panzanella 75
Paprika
Asia-Bowl mit Gemüse und Hähnchen 118
Loaded Pasta mit Hähnchen und Linsen 116
Mediterrane Frischkäsecreme
mit gebratener Paprika 46
Tempehspieße mit Zucchini und Paprika 78
Pasta-Chips 154
Pfannkuchen
Buchweizenpfannkuchen mit Sauerrahm
und Heidelbeersauce 150
Linsengalettes mit griechischem Salat 88
Maispfannkuchen mit Kräutercreme
und Erbsen 36
Spinatcrêpes 90
Pfirsich: Frühstückskuchen mit Pfirsich
und Walnüssen 148
Piccata: Kalbsschnitzelchen 113
Pilze
Asia-Bowl mit Gemüse und Hähnchen 118
Bœuf Stroganoff 106
Gemüse-Pilz-Pfanne mit Soba-Nudeln 87
Püree
Auberginen-Kartoffel-Petersilien-Püree 111
Räucherfisch auf Süßlupinen-Kartoffel-
Püree 137
Süßkartoffel-Balsamico-Püree 110
Zucchini-Kartoffel-Püree 111

Q/R

Quark
Kirsch-Quark-Eis 164
Quarksoufflés 170
Topfenknödel mit Aprikosen 157
Räucherfisch auf Süßlupinen-Kartoffel-Püree 137
Reis: Vollkornreis-Risi-Bisi 97
Ricotta: Gebackenes Obst mit Ricotta 169
Rinderfilet
Tagliata vom Rinderfilet 104

Tatar mit knusprigen Kapern und Brotchips 114
Rote Bete: Whipped Feta mit Roter Bete 40
Rote Zwiebeln rosa gepickelt 41

S

Saatenknäcke mit Hanf 43
Saftiger Zwetschgenkuchen
mit Haferflocken und Walnüssen 158
Schmand-Joghurt-Dip 66
Schwarzwälder Kirschtorte 160
Seitan: Asiatische Kokossuppe mit Mango und Knusperseitan 57
Smashed-Potato-Waffeln 96
Sommerrollen-Baukasten 134
Spinat
Spinatcouscous mit knusprigem Thunfisch 128
Spinatcrêpes 90
Sprossensalat mit Frühlingszwiebeln
und Möhren 64
Süßkartoffel-Balsamico-Püree 110
Süßkartoffeln
Hasselbacks 95
Süßkartoffel-Balsamico-Püree 110
Süßlupinen
Räucherfisch auf Süßlupinen-Kartoffel-Püree 137
Süßlupinen in Rahmsauce 97

T

Tagliata vom Rinderfilet
mit geschmolzenen Tomaten 104
Tatar mit knusprigen Kapern und Brotchips 114
Tempehspieße mit Zucchini und Paprika 78
Thunfisch: Spinatcouscous
mit knusprigem Thunfisch 128
Tomaten
Linsengalettes mit griechischem Salat 88
Loaded Pasta mit Hähnchen und Linsen 116
One-Pot-Vollkornrigatoni 80
One Tray mit Fisch 140
Panzanella 75
Tagliata vom Rinderfilet mit
geschmolzenen Tomaten 104
Tomatensugo 54
Topfenknödel mit Aprikosen 157

V/W

Veggie-Burger mit gegrilltem Gemüse
und Zucchini-Patty 76
Vollkornreis-Risi-Bisi 97
Waffeln
Emmer-Haferflocken-Waffeln 93
Smashed-Potato-Waffeln 96
Walnüsse
Frühstückskuchen mit Pfirsich
und Walnüssen 148
Saftiger Zwetschgenkuchen
mit Haferflocken und Walnüssen 158
Weintrauben: Gefrorene Weintrauben 166
Weiße-Bohnen-Paste mit Fenchel 44
Whipped Feta mit Roter Bete 40

Z

Zitronen-Weißwein-Sauce 67
Zitronenpasta 82
Zucchini-Kartoffel-Püree 111
Zucchini
Hasselbacks 95
Kalbsschnitzelchen 113
Loaded Pasta mit Hähnchen und Linsen 116
Tempehspieße mit Zucchini und Paprika 78
Veggie-Burger mit gegrilltem Gemüse
und Zucchini-Patty 76
Zucchini-Kartoffel-Püree 111
Zweimal gebeizter Lachs 132
Zwetschgen: Saftiger Zwetschgenkuchen
mit Haferflocken und Walnüssen 158
Zwiebeln: Rote Zwiebeln rosa gepickelt 41

ZUR AUTORIN

Petra Hola-Schneider wuchs mit der üppigen Küche Böhmens auf und bekam den Spaß am Kochen und Backen schon in die Wiege gelegt. Die frühere Personalberaterin ist heute Food Bloggerin in Vollzeit und berät Unternehmen in Sachen Social Media. Auf *www.holladiekochfee.de* wird lecker gekocht und gebacken, und es gibt Einblicke hinter die Kulissen bei Produzenten und Gastronomen. Petra ist Low-Carb-Fan, aber nicht immer passt diese Ernährung dauerhaft ins Leben, daher beschreitet sie für sich und ihre Leser*innen auch andere Wege. Ihre vollwertigen, abwechslungsreichen Wohlfühl-Rezepte machen schlank und glücklich, stets ohne Weißmehl und Industriezucker.

Weitere Bücher von Petra Hola-Schneider bei ZS:

- → Low Carb Backen
- → Low Carb schnell & easy
- → Low Carb für Berufstätige
- → Low Carb Brot & Brötchen
- → Low Carb – Das geniale Backbuch

IMPRESSUM

Hinter jedem tollen Buch steckt ein starkes Team

Projektleitung: *Ina Stewart*
Rezepte und Texte: *Petra Hola-Schneider*
Lektorat: *Constanze Lüdicke*
Korrektorat: *Margarethe Brunner*
Covergestaltung: *Katharina Fesl, Julia Arzberger*
Grafische Gestaltung und Satz: *Julia Arzberger*
Rezeptfotografie: *Katrin Winner*
Foodstyling: *Daniel Schwarz*
Herstellung: *Frank Jansen*
Producing: *Jan Russok*
Druck & Bindung: *aprinta druck GmbH, Wemding*

1. Auflage 2022

Kaiserstraße 14 b
D-80801 München
ISBN: 978-3-96584-210-6

BILDNACHWEIS

Alle Rezeptfotos von Katrin Winner; S. 2/3 Shutterstock: Prime Stock; S. 4 Alina Götz und Pavlina Schneider; S. 11 Shutterstock: Pedal to the Stock; S. 15 u. 16: Andrea Dingeldein S. 18 StockFood: the Picture Pantry; diese Seite: Alina Götz und Pavlina Schneider

HINWEIS

Für optionale Zutaten und empfohlene Beilagen wurden keine Nährwerte berechnet.

FOOD FOTOS

Im Buch enthaltene Fotos können zur eigenen Nutzung erworben werden unter ***www.stockfood.de***

LIEBE LESER*INNEN

wie schön, dass Sie ein Buch von ZS in den Händen halten. „jetzt leben!" ist das Motto unseres Verlages. Es steht für Genuss und Inspiration, Unterstützung und Motivation. Ob Kulinarik oder Fitness, Gesundheit oder Lebenshilfe – seit über 30 Jahren bieten wir kompetente Ratgeber für (fast) alle Lebenslagen. Wir lieben Tradition genauso wie Innovation – sie treiben uns an. Unsere Autor*innen sind Menschen, die zu ihrem Thema wirklich etwas zu sagen und zu schreiben haben. Unsere Produkte sind erzählerisch, appetitmachend und als gedruckte Bücher haptisch echte Erlebnisse. Für Sie mit ganz viel Liebe gemacht! Entdecken Sie mehr aus unserer wunderbaren Welt!

UNSER VERLAGSHAUS

Mit Standorten in München, Hamburg und Berlin zählt die Edel Verlagsgruppe zu den größten unabhängigen Buchanbietern Deutschlands. Zur Edel Verlagsgruppe gehört unter anderem ZS mit seinen Lizenzmarken Dr. Oetker Verlag, Kochen & Genießen und Phaidon by ZS.

ZS - Ein Verlag der Edel Verlagsgruppe
www.zsverlag.de
www.facebook.com/zsverlag
www.instagram.com/zsverlag

FÜR DIE UMWELT

ZS unterstützt bei der Produktion dieses Buches das Projekt „Junge Riesen für die nächsten 100 Jahre" im Naturpark Nossentiner/Schwinzer Heide. Damit wird ein Anteil der unvermeidbaren CO_2-Emissionen im direkten Umfeld des Produktionsstandortes kompensiert.

NEWSLETTER

Ab sofort keine kulinarischen Trends mehr verpassen und gleichzeitig einen Kochkurs mit einem Spitzenkoch von ZS gewinnen?

Melden Sie sich jetzt beim ZS Newsletter an und bleiben über neue Bücher, Themenschwerpunkte und News immer informiert.

ANMELDEN!

Jetzt anmelden unter:
www.zsverlag.de/newsletter

GEWINNEN

Unter allen Neuabonnierenden verlosen wir jeden Monat *10 neue Bücher* und jährlich einen *Kochkurs* mit einem Spitzenkoch von ZS.

In Balance zum Wohlfühlgewicht!

Rabea Kieß
Die Hormon-Balance-Diät

22,99 € [D]
ISBN 978-3-96584-107-9

Gleich weiterlesen!

Jetzt überall, wo es gute Bücher gibt.

Schluss mit der langen Rezeptsuche!

Du suchst ein Rezept aus einem deiner vielen Kochbücher, weißt aber nicht mehr, in welchem Buch es steht? Kein Problem – die Rezept Scout-App verrät ganz schnell, welches Rezept wo zu finden ist.

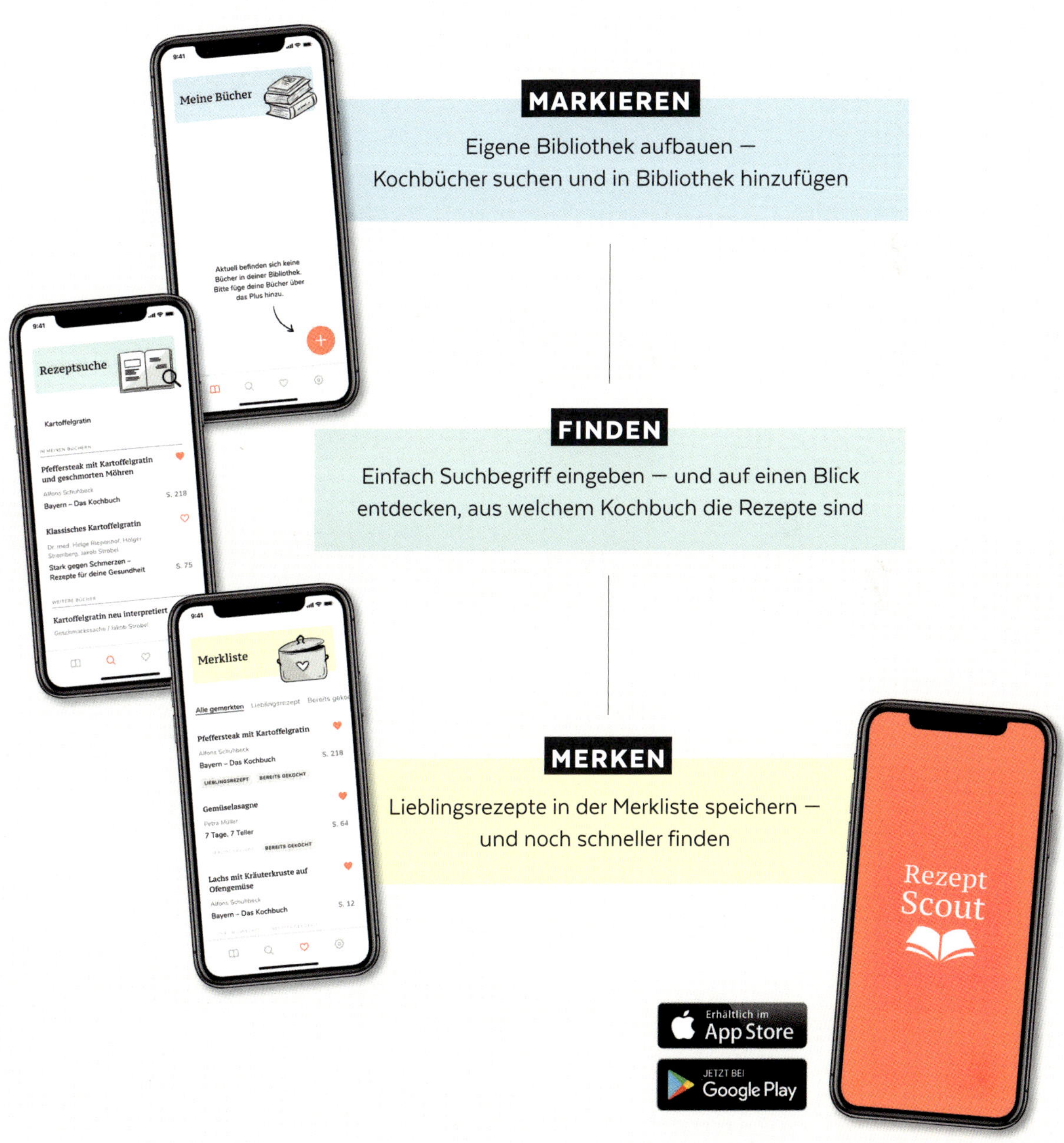